I0617221

海外游子吟

尹紫东著

本书由美国 Asian Culture Press LLC 出版

Published by Asian Culture Press LLC
1942 Broadway, Suite 314C,
Boulder, CO 80302,
United States

Cover design by Asian Culture Press
Layout design by Xianghui Yin

Published in the United States of America

First paperback edition November 2022

本书2022年11月在美国第一次出版

猫喜贪猫、死賊猫神，说颠倒偎依

住伍同工敢受好朋生等一致心中

话世盡其鱼否为贡户允由入粮倉庫

换色四報浮双赢其同吃個圓圓社

毛国尹学东先生词 猫狗 辛丑秋月 黄利同建雄书

彩虫山峰似挂画珠斗风雨晓举
明似飞石壁人方小窥手云梯稀
隙长幽迴针擎针攀崖壑彩梦
把攀出去可惜激湍不见灵走
出穷山乃再坐

咏湘泉 又律山娃攀岩止学 辛卯秋日 出

红旗三面展風雷 畝產萬斤經驗

輾轉眼 城鄉灶灰冷 舉家老少

日光呆滯之腫腿難行步戶之婚

妻不坐胎 饑殍陰間還在問勢分

人禍祟乃災

古巴紫康先生往事有感 壬寅新正劉武湘書之

漱记蒙冬不忘
年两後经淤川
篇捐一路锐皮
终自传黄巾
松立蒙素下

咏湘泉酒厂
辛丑冬日书

國際因疫羈旅傷

天地雖寬限启航一年久

未探爹娘令人不及衡陽

雁風雨如磐猶返鄉

尹紫東詩 吳作棟書

百年风流竞共和 梦必成真当先行
几多起落云飞渡 几度重来争
言启又探知梁路 改革
华发色苍复应当 只
米游硬银难卖直钩名浩

湘泉七律 百年圆梦

辛丑·秋日 山

煮煉佳吟四百篇
由衷義刺意拳拳
鴻飛八際情懷壯
故國家山總掛牽

敬賀紫東兄詩詞結集出版
壬寅年荷月肖庭延

半亩征生以歌难天涯晚来

乃未啼青蕙架度雨寒势

赤和世家墨狗岁未那高

情读物打猎依五柔付龟锦

故园风雨霜晴窗下作险径

壁上劫　壬寅年秋月紫东

前言

本诗词集采用体裁和内容分类归纳整理的方法，共收录了自认为代表习作水平的诗词共四百余首。取名"海外游子吟"，因皆为退休以后旅居海外所作。人虽在国外，但如诗中所述"故园风雨霜晴景，不作泠泠壁上观"，游子之心，可见一斑。

余学诗亦晚。在职时与文字打交道较多，但于近体诗止于喜爱很少动笔。退休后在国内"诗词吾爱"网及北美"文学城"发表过一些作品，实为蹒跚学步。2013 年，在同事亦老乡肖庭延教授的诚心指引下，渐渐入门，后又经邀，由投两首诗词获审核批准，共同加入由国内知名诗词大家周冬雨先生主办的竹韵汉诗协会，八年来，空余时间浸润于此，受教于此，自认渐有长进。然自视每次投稿为呈交作业，故前面称为"习作"实非虚词。

诗集分家庭学校、岁月回眸、人物评点、登临揽胜、酬唱往来、抗疫、咏物、杂感、楹联等九方面内容，展示本人亲友亲情、人生品味、感怀感悟、所憎所爱，多少留下一点这个时代本人的心迹。如若能引起读者一丝共鸣，则甚慰咏怀。但许多篇什，缘才情所限，笔力不逮，见笑于方家在所难免。然心血所付，敝帚自珍，存之聊为纪念！

目录

家庭学校 亲友亲情

五律 故乡衡山

祝融升紫气，礼赞寿星王。

岳庙拥香客，林泉济旱荒。

一条湘水碧，百里菜花黄。

北雁回峰处，相思九曲肠。

注：祝融峰为衡山最高峰；北宋黄庭坚有"万丈祝融插紫霄"句。衡山古名为寿岳，寿比南山成语之南山即衡山。

五律 寄高中同学

何清华同学来函邀我参加中学同学毕业五十周年庆因故不便往，遂感赋相寄。

五十年前别，东西各自忙。

奔蹄驰骏马，伏枥聚潇湘。

白发催人老，红尘见友惶。

寄言诸学友，珍重保安康。

五律 迁居邻居告别

雨洒三秋日，房空半步时。

群朋撑伞出，热手握心知。

不是飞迢递，何伤送别离。

微书传好语，晚景共佳期。

五律 致友人

痴情难罢休，发白似堆愁。

远避群联网，常邀单接头。

与君无蚁梦，说事若禽囚。

也许宠光在，于心不自由。

五律 忆同桌

红绳缠小辫，俊眼闪娇波。

同桌谈天少，研题留迹多。

漂零随变幻，消息总蹉跎。

恍若参商动，人生莫奈何。

七绝 老屋

半瓦半茅坯砌墙，遮风挡雨抗炎凉。

每回探望陪娘住，熟味拥儿和梦香。

七绝 家乡四月

庭前阴地半生苔，三亩秧田尚待栽。

青壮未曾留只影，老农挥汗日西颓。

七绝 夫妻的心灵之窗

从来相信勿相疑，爱意愁肠眼里知。

对视不言眸澈亮，你中有我我含伊。

七绝 雪里送别妻上青岛学英语

君持雨伞我扶腰，话别临行尽昨宵。

莫怨天寒前路远，梅花舞雪架心桥。

七绝 题石矛兄耕种

儒英书剑志难酬，国事萦心总挂忧。

览景知君陶令骨，南山种菜韵风流。

七绝 题挚友寄字照

砻磨半世字犹清，弱冠之年结弟兄。

风雨兼程人已老，回眸往事足多情。

七绝 邂逅

三十年来难一见，同窗那日擦肩行。

苍颜相对疑相识，急转招呼问姓名。

七律 读母校百年校史有感

百年母校亦成奇，历代师生浸国危。

马踏铁蹄搬静处，鸡鸣晦雨立高碑。

本逢盛世平安土，谁刮邪风顷刻衰。

巨臂停挥规正道，期颐喜看展新姿。

七律 清明祭母

先母享年九十三岁，已逝十年矣。余仅回国坟前拜祭一次、如今只能万里遥祭：

慈母茔周树郁茏，面前三叩白头翁。

生来家业无遗物，死后声名有古风。

瘦骨唯求儿女大，寒衣百补夜灯中。

春晖未报常怀忆，身在西球心向东。

七律 梦慈母

十年前 93 岁母亲病重，我急乘飞机到老家守母亲 20 余天终不治去世，走的很安祥。但后来每逢梦见母亲却是两番场景合成。此记。

朔风凛冽三更夜，万里飞家见母亲。

远喊几声无结果，近牵双手问原因。

慈娘老脸唯堆骨，满屋悲音不启唇。

整十年来常此梦，梦中每起泪沾巾。

七律 同学网上清欢

（一）

别离半世各追程，四海游魂牵梦萦。

万里隔洋成跨恨，一声上网变通明。

眸含老泪绢频拭，室满春风笑逐生。

视像虽为虚拟景，清欢回味亦传情。

（二）

飞去魂兮寻学友，东风一棹我归迟。

文因皓首词章老，情以丹心意蕴痴。

岳麓山重留近客，湘江水复送远思。

相期别后多珍惜，再聚家园好写诗。

七律 丙申年四月长沙同学聚会

天涯远隔曾为痛，今日开怀罚一回。

可意朋从忙里约，挚情径向梦中来。

长沙已变新高大，同学都归老小孩。

多少童言于醉酒，朦胧杯里映红腮。

七律 忆一中老师

常萦梦里记师躯，绕室音容启少愚。

三尺讲台传饱学，一枝粉笔满饥需。

红红绿绿亲批卷，朗朗喃喃面授吾。

昔日春蚕何处觅，英魂羽化万良驹。

七律 长沙同学聚会一周年记感

根系平生是岳衡，晚年来认少年情。

心怡群唱新歌曲，艇快江巡古韵城。

壮志山河犹可喜，稀龄须发已堪惊。

为温半世重逢梦，择岁机缘再酌觥。

七律 叹家乡

我叹家乡多变化，年年开发令心悬。

林光山秃坡扬土，草长田高井竭泉。

卖地村官多契约，锁门农户缺炊烟。

故园挚爱情何系，从此乡愁难梦圆。

七律 赞同学作品演唱会演出成功

今夜澄空传电波，魁星一闪一清歌。

牵情瘠地瑶山曲，淬火青春黄土坡。

共讶辛劳多跌宕，都缘时代不蹉跎。

若无改革开放日，谁敢回眸看如何。

七律 大学同学集会那香海

白发稀龄劲亦遒，那香海上坐君侯。

别离半世花前聚，把握三天梦里留。

鸿燕梭身云逸逸，寓楼帆影水悠悠。

今朝托鹤佳词赠，健健康康百岁秋。

七律 友人网传尘封四十年的信

故国飞鸿传旧笺，泛黄稿纸记当年。

先生一夜变牛鬼，弟子瞬间挥脚拳。

总觉时光成滞固，何曾现实感新鲜。

眼前回忆那些事，异地双双老泪涓。

七律 乡音

万里家山意欲飞，天涯游子久相违。

十年情债终当结，满耳乡音始觉归。

心事每询亲友好，桌餐才晓故人稀。

刚刚拗口学村话，噗哧顽童笑带讥。

七律 致贺

长沙山河智能公司董事长何清华系同班同学，以自有知识产权拼搏的短短二十年便跻身世界同行五十雄，特此庆贺。

研磨搏击廿年功，世界同行五十雄。

巡地挖岩通险境，翔天追梦傲苍穹。

从来科技先修实，到处市场无做空。

兴国当兴精制造，期颐大业更光隆。

七律 致爱民兄

稚年同学聚星城，深造双双又进京。

上下板床知冷暖，古今谈论看枯荣。

怀思随处音容貌，面见无须客套声。

半世犹存书信在，纸黄可证此浓情。

七律 相逢醉

管他回国有多忙，知己相逢醉几场。

围桌感怀分别老，携樽寄兴趁归狂。

平时一两脸红赤，那日半斤心妙香。

直待倾杯过午夜，友朋扶我我扶墙。

七律 一张旧照片

同窗三载在长沙，五十八年思影嗟。

稚气未曾明世态，壮心犹自慕风华。

当时念及天涯阔，从此疲于食路赊。

至老感知才一瞬，情怀依旧守无邪。

七言排律 妻七十初度有记

卯角天资足自豪，当年大考占头鳌。

时逢左势横猖獗，运被当朝逆汰淘。

难做有才娲后想，专工无价孟迁劳。

连编快手裁衣服，细作粗粮蒸蛋糕。

勤体多思能耐苦，清心寡欲不攀高。

下厨能作迎宾宴，上殿可谈治国韬。

富若千金居两顿(注)，贫如百纳补三袍。

内勤整理中规立，洋务勉强外语操。

人赞妻思常慎密，我嫌婆嘴总唠叨。

今生有幸同船渡，相约天年共畅遨。

注:指两个女儿,一个在华盛顿,一个在波士顿。

15

【山坡羊】2008年底赴美定居飞机入云海思绪步张养浩 "山坡羊"次韵

群峰奔突，云涛如怒,山河远逝飘洋路。

望西夷、意踟蹰。

伤心阔别蜗居处,思绪万端难告热土。

去,心里苦; 留,心里苦。

【沁园春】观母校百年校庆视频感赋

四海门生, 喜庆华诞, 紫气充斋。看良宵无寐, 三秋垒果, 高朋满座, 十分开怀。歌舞飘扬, 霓虹闪烁, 不比当年寿宴开。有贤守, 送一书真宝, 万贯家财(注)。

英雄故事奇哉,想曾见、魁才天外来。是润之第一, 商鞅立木; 镕基为二, 治国奇材。岁月期颐, 沧桑几度, 院士诸侯站足排。朝前望, 有英英青壮, 次第成阶。

注:我班何清华同学在母校百年校庆会上作励志报告并捐巨款。

【水调歌头】问月

九天悬冰镜，四海彻清澄。常娥离羿飞去，孤苦一伶仃。天阙多层凄楚，谁与相提离苦，玉兔伴寒灯。仙女应惆怅，难忘爱人情。

想故土，思亲友，热泪盈。无为浪子，万里慈母念儿行。我迹天涯人羡，人乐天伦我慕，好事不双成。问皎空明月：可否视频胜？

【沁园春】丙申年春日访庭延兄府

数过皇城，几度差池，失晤仁兄。赖阳春暖日，诗词和唱，腊冬寒夜，鱼雁频行。天路无穷，时机有限，幻觉音容逐梦生。相思话，似心潮波起，溢满荧屏。

今朝拜访园丁。喜胜似相逢爱晚亭。见灯华月朗，楼高院阔，环居五绕，装饰三星。体健孙萌，妻贤子秀，享乐天年尽德馨。平生事，算老来有寄，慰一腔情。

【金字经】乡饮

未饮心先醉，约期今日逢。寻找开怀几老翁。

盅，且添不要空。村姑送，闪旁看酒红。

【临江仙】湘江游艇与挚友小光相聚

夹岸重楼凌云立，船头促膝情浓。澄怀观道说英雄。分尝各味，感觉竟相同。

黯忆当年清俊貌，细观今日忧容。不更肝胆是心彤。游艇聚短，满耳灌高风。

【临江仙】老友春节聚会缺席发视频乃记

人爱陈年老酒，心观残月多情。诸朋豪饮见真诚。照杯皆倒卧，扶起已天明。

故地年年热闹，他乡夜夜寒清。迷离遥望醉翁亭。天涯唯剩我，炼句寄银屏。

【临江仙】闻高中又一同学逝世

掐指当年几同学，都成月下昙花。再看留世这些娃。激情仍似火，老体已如虾。

一样蛇龙终作土，无关贫富衰华。且行且惜晚来霞。不忧身后事，只品雨前茶。

【念奴娇】季春寄友

群花未老，向晓来澄霁，芳心难歇。风拂娇红香旖旎，浑欲永胜时节。松鼠粘人，层林迭翠，装点成蓬勃。春光还在，草坪庭院开阔。

想要买断和风，景明四季，太平无凉热。邀请诸朋来共享，笑口嘞杯轻啜。醉里妖娆，醒时豁达，彼此皆超脱。谁知关塞，多情由我空说。

【水调歌头】彩虹老年中心

玉露金风爽，骨韵老身柔。彩虹同醉，欢歌鸾舞畅悠悠。铜嗓绕梁惱耳，莲步凌波养目，旅美一清流。不唱夕阳曲，专演俏丫头。

良宵短，白驹急，亦何忧。人生如寄，安住斗室不言愁。头染双斑鬓发，心放五洲径路，惬意往来游。只要康宁在，便是上天留。

【虞美人影】妻子为我理发

纤纤玉手频飞舞。剪落霜丝如雨。镜对左提右举。妻问宜然否？

脑中满是推敲句。自顾无心答语。天上猛然响鼓：自个冲头去！

【如梦令】夜聊

心照灵犀已久，昨夜开怀时候。

无虑议春秋，四个同窗亮透。

朋友，朋友，最贵真诚心剖。

20

回眸岁月　品味人生

五律 岁月感怀

七十眉间到，乾坤旦夕忙。

白云浮蚁利，黄土备彭殇。

日叹人生短，夜嫌更漏长。

阑珊涸北斗，坐起续残章。

七律 徒步人生

我出生前亲父无，蒙童未立似成输。

匆匆耕读五更起，耿耿恩师一路扶。

四十年中谙境界，三千里外赴程途。

功名逐老随云走，笑对夕阳倾玉壶。

七律 学前那夜

年幼无知家境蹙，酣沈结伴玩终忙。

时摸狗狗逗双乐，夜扮猫猫躲四方。

梦里尿池真骏迈，枕头忍泪感窝囊。

清晨娘喊儿飞起，今日报名村学堂。

七律 山娃攀岩上学

最是心仪上学堂，经年风雨绕羊肠。

仰天石壁人身小，裂手云梯猿臂长。

母爱针缝针脚密，童欢梦想梦书香。

可怜嫩腿不知累，走出穷山可有望？

（此首获竹韵汉诗协会员刊诗赛第一名）

七律 忆儿时家乡夏夜

万籁寂寥天地悠，一轮玉镜挂山头。

舍前舍后养千竹，村北村南宿百鸥。

未必大城多气魄，何防低碳净心喉。

硬床皓月清凉席，避暑何须塞外游。

七律 十二岁那年

深山自采秋毛栗，十里提蓝进县城。

丫路伫临羞远隔，熟人躲闪怕相迎。

客流集上将群散，货积手中还九成。

忽想学资无着落，不由叫卖作吆声。

七律 与爱犬度荒年春节

1959 年冬已现饥荒，挖蕨根度荒已开始。为多挖蕨根磨粉充饥，训犬找蕨。那年春节前夕母亲带我和家犬第一次上山挖蕨根是我童年记忆中的一大趣事。

青黎装束手呼犬，随母山中挖蕨忙。

扒土金毛摇尾急，挥锄火我战情昂。

滋滋身冒贴衣汗，满满箩存守岁粮。

虽说时移翻甲子，龄逢舞勺可谁忘？

七律 童年纪事

囫囵吞下生鸡蛋，角落偷瞧落泪娘。

上学翻山光赤脚，回家耕地喝稀汤。

食皆短缺长身矮，人共贫穷熬日长。

充耳新闻言大事，从无大事是饥荒。

七律 背影

题记：五十五年前被大学录取，母亲送我渡湘江北上火车进京，因缺五分钱母亲不能上船，我只能伫望背影走远。

慈闻鹊报喜开颜，伴送我临湘水湾。

票价五分囊楮少，机船四米铁门关。

几声汽笛一江咽，一别云帆几日还？

娘返瘦身孤独去，怆然两眼泪潸潸。

七律 忆父

未能而立忽身亡，慈母怀余五内伤。

悲撒埃尘遗腹子，只留文墨满祠堂。

人皆坐享幼儿爱，我独行寻老父望。

最痛从无肩上忆，百年泉下可开张？

注：望，仪容。季通弟季良风望闲雅。——《北史》。先父生前写的供祠堂用的祭文与先祖灵牌是我唯一见到的遗物。

七律 儿时农历印象

黄页张张粗纸编，细翻几日过新年。

园中爷赶行时菜，心里孙思压岁钱。

除夕深深怀梦望，明朝早早跪蒲毡。

慵眠初二刚刚醒，到处搜寻拾碎鞭。

七律 山月曾是旧时友

那时年幼不知穷，结伴酣欢未有终。

才乐双双骑竹马，忽忙隐隐躲箩筐。

追萤喜踏山前月，照影贪看水底瞳。

去岁归乡询信息，斯人冢墓乱蒿蓬。

七律 叹前半生

在职年华意若何，回看风物费吟哦。

无情岁月全流散，有限人才尽折磨。

事业长随朝制改，功名听凭纸文过。

难堪老去那时日，含笑未多含泪多。

七律 自状

寿翻本命六轮回，发白皮枯神未颓。

早岁曾消三倍力，晚年犹缺几分才。

肝酶稀少难胜酒，胆汁浓多敢滚雷。

羁旅怀乡情不断，相逢故友每贪杯。

七律 自述

东来紫气终归梦，起个佳名作护符。

早岁襟怀追赤子，晚年心迹爱鸿儒。

论官专察言虚实，交友只看情有无。

最忌少知瞢马鹿，被人咒骂老糊涂。

七律 老妻学车记

羸身长大一娇娃，三十六龄初学车。

远见偏轮飞哧溜，近帮扭把喊哦呀。

耐心我正座扶稳，笨手她歪体走斜，

每忆当年娱老伴，不由撸袖抚伤疤。

七律 我那半边天

瘦骨嶙峋颜已苍，青春应不是娇娘。

曾经车破飞荒路，犹忆宵深守病房。

孟母育儿心血苦，苏公烹菜碗盘香。

金婚纪念合欢日，照相馆中重补妆。

七律 乡居

已久息交无远游，乡间僻静度春秋。

闲穿林径闻花语，忙扮农夫作垄沟。

蹀步兴怀吟嗓放，开机敲键复函收。

心思不结普天网，单走诗词上笔头。

七律 种砍瓜

园里砍瓜花烂漫，春光艳丽照阳台。

苗宜温冷墩根壮，种自中华跨海来。

盛夏加肥堆沃土，晚秋速长比高孩。

劝儿拍景收藏好，以记明年亲手栽。

七律 先慈泉下十年祭

浮岚暖翠隐芳菲，今景当中失跪机。

九秩生涯辛苦度，十年骨肉地天违。

遥遥万里身难达，念念一腔情可飞。

半夜不堪长辗转，朦胧梦境又回归。

七律 述怀

半世征夫行路难，天涯晚岁有余叹。

青春几度红羊劫，赤县无穷苍狗看。

未敢高情谈物外，犹怀直气付毫端。

故园风雨霜晴景，不作泠泠壁上观。

七律 职场记感

职场寻道似江湖，事业兴衰非坦途。

自信有才当用尔，谁堪无骨去吹乎。

勿随恶俗朋能继，须守良知德不孤。

万卷生书刚入眼，相期读好莫贪娱。

七律 远方

抚题十足启相思，南岳坟山情不离。

万里几回游子梦，满宵重复母亲姿。

穷追知识书牵引，壮闯江湖众所随。

人世驰如天上月，阴晴圆缺自难持。

登临揽胜 游目兴怀

五绝 初夏

薰风蒸阵雨，隐隐果香来。

怕唾津盈口，桃园不敢呆。

五律 九寨沟

魂牵九寨沟，圆梦在今秋。

彩海奇峰倒，斑阶碎玉流。

山深千景密，客远万蝼稠。

天上观仙境，诗人下笔忧。

五律 入住老年公寓

数十无房者，坡高四面林。

山川铺剪草，翁妪坐观禽。

举步通溪径，闻花听鸟音。

老儒来兴趣，仰面引诗吟。

五律 老年公寓老年雄风

经年不老童，靓丽又雄风。

晚练桑巴舞，晨玩太极功。

头无须发白，脸泛风霜红。

子女来探望，忙迎菜地中。

五律 波士顿之冬

冰冻荒原久，半年空菜园。

门前三尺雪，室内四时温。

狡兔全无迹，野狐犹足痕。

马公长跑赛，夺冠满城喧。

五律 过山车

电掣风驰匣，腾龙十八旋。

一翻无数度，万转四空颠。

响箭钻天炮，流星砸地拳。

返回停伫久，不敢看当前。

五律 波士顿庚子年谷雨飞雪

雪飞临谷雨，怅望北风吹。

铅幕多垂象，春花不发枝。

宅家惭腿力，会友误行期。

羡火鸡欢舞，翩翩展羽仪。

五律 海

大礼昊天造，宽怀未可量。

腹腔繁万物，水面热群航。

涌日丹心色，掀鲸青镜光，

反思人渺小，遇事总称王。

七绝 老树新花

赞华盛顿杰弗逊纪念堂前的一棵百年老樱花树。

本是东瀛一艳娃，百年持节守天涯。

为迎游客开心笑，老妪香头插美花。

七绝 观尼亚加拉大瀑布

雄踞高台无顾忌，由缰一马走平川。

谁知前路磐岩罄，倾刻失蹄扑九渊。

七绝 山塘春色

残冰日照映山塘，半是柔和半是僵。

野鸭扑楞争下水，瞬间破镜泛银光。

七绝 乘海轮游加勒比海

几度人生欢与愁，劫波历尽竟风流，

功名利禄如云散，且喜澄阳放棹舟。

七绝 海上行

浩浩长风大海横，层层碧浪涌舟行。

书生莫道今时老，犹可开襟啸一声。

七律 美国民俗文化

美国文化异殊多，忌问芳龄有几何。

单手接芹无所谓，双眸对视必哈啰。

巧言假语遭嗔怒，柔指轻勾明切磋。

过路野鸭昂首摆，火鸡花鹿不惊车。

七律 牝鸡初蛋

在美国城市个人养鸡是近年经济不景气发生的事。我们在林间圈养了六只芦花鸡，四月买来小鸡，八月首鸡下蛋。"咯咯蛋！咯咯蛋！"鸡群一时高歌不止，以致林子里野鹿惊蹄，家猫窜奔，邻居观景，朋友问询，热闹非凡。

林养芦花蛋首枚，引吭高唱震天垓。

扬头野鹿惊蹄起，夹尾家猫窜往回。

邻里闻声观景上，远朋驾骑问安来。

莫非人不谙鸡事，抑或鸡夸自有才？

七律 观弗吉尼亚 Great Falls

一路崩腾一路雷，讙惊宫院倒瑶台。

黄岩两岸依天立，素玉千寻砸地开。

气象磅礴攀五岳，烟云缥缈赛蓬莱。

谪仙若赴邀吟咏，壁挂雄篇斗尽杯。

七律 归田梦

退休旅美农夫扮，拓地成园屋后篱。

汗撒三春苗迅长，花招四处蝶纷追。

疏林圈苑群鸡逐，硕果迎秋满架垂。

今日亲知陶令趣，呼儿倾酒喜须眉。

七律 深秋游

登临山麓赏秋华，五彩看成四月花。

万里瑶空悬碧玉，几家农户摆金瓜。

穿梭松鼠无心歇，步景游人有意嗟。

落帽风吹扬老叶，杜鹃枝杪露苞芽。

七律 北京记感

国都名世诚该颂，只是追怀一阵叹。

千古奇珍摧已少，四方佳客堵为难。

风光不足金銮殿，雾土空多天地坛。

今日疏城分主辅，梁林泉下拍惊栏。

注：梁林即梁思成、林徽因夫妇。

七律 2015年波士顿暖冬

数九樱花烂漫开，低空阵雁久徘徊。

和风拂面从心醉，喜鹊鸣枝费意猜。

娱老平湖垂晚钓，浓云忽地闷冬雷。

温窝眷鸟啾啁语，商议今年坐二胎。

七律 西湖夜色

盛景千年形胜地，天工百代造西湖。

霓虹灯烁朱楼隐，宿霭烟笼舞女娱。

万种柔情能蚀骨，一身苦胆可吞吴。

兴亡终究朝廷事，怪罪佳人不丈夫。

七律 波士顿惊蛰暴雪

半载严寒久慕春，相邀三月踏青茵。

含情天地飞千鸟，快意山原游众宾。

不料暖风违宿约，却来暴雪掩车轮。

可叹世事难如愿，现实多欺做梦人。

七律 文明交通行天下

行止当看灯绿红，此规世上一般同。

车流要塞常愁挤，人控焦情勿急冲。

争让争帮天地阔，抢来抢去道桥穷。

文明紧握安全阀，万里征途顺路风。

七律 海上行

浩淼苍穹极目连，茫茫四野竟无边。

一洋柔水荡篷布，万吨巨轮犁浪田。

船似飘萍身起伏，人如醉酒步摇颠。

颠成满眼琼浆液，梦幻龙王邀玉筵。

七律 广西来信补秧

冰雹狂风卷地来，堂前燕子久徘徊。

空中浑似天飞蛋，田里已成秧落灾。

火气缓将妖雾扫，山光立觉晚晴开。

耕农抢种愁眉展，遍野新苗又补栽。

七律 夏日雨后

沉雷顿雨洗尘过，鼓噪群蛙上翠荷。

震树金蝉鸣腹急，衔泥黑蚁出巢多。

周观众位忙余事，独咤一蛛呆老窝。

猛使巧才刚补网，纹丝不动等螗蛾。

七律 波城野趣

城外园林碧草茵，是天有意赐良辰。

鹅群交颈忽潜水，鸭阵拖儿不避人。

呼偶丹禽歌蹈舞，扑球黄犬练飞身。

谁家远处婚纱照，伉俪英姿笑语频。

七律 秋之韵

五彩容颜变换频，一场清雨一场新。

鸣蝉已息哀怜曲，落照初归喜钓人。

渐觉莽原呈骨格，浑疑乔木长精神。

杜鹃枝杪苞芽吐，蓄势来年早报春。

七律 市井一瞥

数摊肉铺歇牌悬，独户屠门位赫然。

熙攘往来评价众，磨叽摇摆买心悁。

少人豪气明斤两，几度苦情谈价钱。

忍罢提回蔫捆菜，手头攒够过新年。

注：悁：此处作形容词，忧貌状。

七律 街头一景

街道两旁摆地摊，相邻对侃自豪篇。

东言航母巡三海，西说常娥上九天。

如数家珍成己事，可交任务搁他肩。

忽然城管眼前到，弃货抽身脚溜烟。

七律 新年元月三日巴格达机场事件感怀

霸主交兵皇帝事，炮灰自古血成河。

苟能御敌擒拿首，岂在驰军杀戮多。

问独夫头颅几许，看新式武器如何？

机场星陨柱梁断，十万生灵换鬼魔。

七律 登岳阳楼感怀

胜状名人兴此楼，楚湘扼守阅春秋。

南连衡岳烟岚远，北枕长江波浪遒。

八百里重湖浩荡，数千年往事沉浮。

范公似在匾前问，可有谁先天下忧？

（获竹韵汉诗协会会员刊诗赛第 2 名）

七律 游唐人街

名街四海盛传扬，始信心怀有大唐。

醒目中英金字匾，入云高伟石牌坊。

闲观翰墨游书肆，细品杯盘沉醉乡。

充耳连绵皆汉语，不知何处是封疆。

七律 长沙怀古

提起长沙难自持，风流人物也吞悲。

无邮书信檐中匿，被掘坟茔山下推。

贾傅不兼才与福，屈原徒死圣和痴。

终将青史端平写，尚有一公冤未移。

注：文革中岳麓山上许多志士坟墓被毁。"一公"乃浏阳人士。

七律 中原望秋

四望中原秋日来，无穷浮土戳心哀。

洪流万顷凭天祸，故事千年说主媒。

店废但看馋鼠蹿，田荒空见饱蝇堆。

曾经一角鲜花挡，莫问谁家怒哭推。

七律 波士顿普利茅斯镇怀古

远眺英人已悄然，积留胜迹作遗篇。

颠波惨淡几何日，拔地隆升四百年。

有梦关情除旧恶，谋谈契约换新天。

大西洋岸潮流涌，五月琼花一渡船。

注：1620 年五月花号轮带着逃避宗教迫害的清教徒和贫苦人共
102 名历尽艰险抵达普利茅斯，共同签订了"五月花号公
约"，这是美国宪法史上第一份重要的政治文献。正式建立独
立的殖民地，史称此地为"美国的故乡"。

七律 读《富春山居图》

神州十大画中殊，历尽沧桑几损躯。

皇帝佬愚当假货，兰亭序贵落庸夫。

曾经遭遇丙丁劫，今又伤离甲乙橱。

锦绣金瓯原本美，谁修残破复全图？

注：《富春山居图》为元代画家黄公望晚年历时三年画作，誉为中国古代十大名画中第一神品。1650年收藏家吴洪裕视画如命，想学唐太宗将兰亭集序随葬，临死前将画焚烧，由姪儿急救起，然已残损为一大一小两段。这中间曾闹出乾隆皇帝将大段误为赝品转而收赝品的笑话。现大段被台北故宫收藏，小段为浙江省博物馆收藏。2011年6月，大小两段在台北故宫首度合璧展出，后又各归东西。

七律 波士顿查尔斯河之夏

一条玉带不承舸，入夏风情景秀酡。

怡乐天鹅交颈舞，饱飞大雁放声歌。

悠悠皮艇划平镜，赫赫龙舟赛汨罗。

最是欢腾佳节夜，水空对出锦花梭。

注：每逢独立日七月四日夜，查尔斯河岸烟花怒放。

【沁园春】放目南疆

放目南疆, 串串明珠, 步步翠屏。正有邻打劫, 依山抱腿, 无由不愤, 倒海翻腥 。先祖当知, 金瓯还缺, 岂是贪安怕用兵? 论征战, 握十分胜券, 九段屠生 。

苍天应懂吾诚, 与各国黎民结好朋。 叹策和四镜, 犹遭八乱; 锋休北岸, 未解南症。万代谋长, 百年算短, 我自图强朝夕争。 待来日, 凭雄棱义理, 执掌升平。

注：九段，指中华人民共和国主张的南海九段线边界。

52

【踏莎行】华盛顿樱花节遇雨（依晏殊格正体）

色冷三春，情浓双侣。徐徐款步樱花路，远来慕景看天姿，不期昨夜遭风雨。

带血残红，添愁娇语：汝何今日佳期误？红颜易老是人间，侬身本属天堂女。

【摸鱼儿】观西班牙斗牛

意难平，屠徒行暴，欢声看客狂热。风流雅士擒牛命，初始只挑皮裂。红掩瞎。三刃发，腾挪舞步刀功血。群围慢杀。忽利剑朝心，闪飞直插，扑地气难咽。

牛何罪，世代春忙农活，秋来才有收割。犬猫新宠成何事，却得东家愉悦。堪恨绝。人自晓，安平而死寻挣脱。丛林对决。请独斗单挑，或同返祖，蜕化作鱼鳖。

【水调歌头】佛罗里达观海洋世界

岸宽迎远客，池小漾清歌。海狮头尾摇曳，豚跃铁环过。鲸一洋中巨霸，今日凡间屈就，拍水不兴波。火烈鸟闲步，侧目望天鹅。

雄强样，奴才事，问缘何？羔羊肥美利诱， 笼虎听铜锣。你缺铮铮铁骨，他有糜糜夜曲，意志慢消磨。天地舞台戏，人兽亦同多。

【鹧鸪天】题老树画作

哀感中年迈四旬，难堪离异一孤身。

无情岁月软磨我，有意阿婆强说亲。

花园美，仪容真，似曾相识两尊神。

背身不敢回眸认，总怕新人像旧人。

人物历史 视觉浅谈

五绝 人生舞台

既是空归去，人生大舞台。

坦然行直播，何必化装来。

五律 抚史说立身

平时常抚史，情敬老忠臣。

廷诤帝颜怒，笏瞻弘义陈。

魏征舒虎胆，海瑞逆龙鳞。

唯有守高节，无心计立身。

五律 追月

(纪念美国阿波罗航天飞机载人到达月球五十周年)

人类相思月，苦于无渡船。

航天长箭疾，贴面近身先。

壮士轻弹步，金蟾久缠绵。

何须悲寂寞，共庆首团圆。

注：月球引力只有地球引力的六分之一，故人在月球上行步像是弹跳。

七绝 唐宗之雄

转瞬摧碑又复碑，唐宗风范古今垂。

当朝知错能赔错，数尽列皇皆竖儿。

七绝 一吐方休

文章不为稻粱谋，鱼刺兹因鲠在喉。

痛苦引吭唯一吐，消炎去火便方休。

七绝 有感乾隆改拒马河桥为永济桥

何必虚高吹永济，不如名谓顺情桥。

宽怀少敛民膏血，开放苍生路万条。

七绝 刘备

愚民有叔列刘皇，虎将军师赴死帮。

正统未能承汉业，算来形势比人强。

七绝 说西施亡吴

丧国昏君头断时，满吴到处说西施。

美人计是当然有，自己中招该罪谁？

七绝 问计于民

当年一记承包策，启动饥民亿万心。

真理若从书本找，不如恭向草间寻。

七绝 祭拜陈寅恪

已殁宗师五十年，铁蹄踏处冒残烟。

时人若识楚人罪，怀璧今朝亦枉然。

七绝 曹操病难治

阿瞒脑府染沉疴，问疾生疑杀华佗。

可叹神医祛百病，枭雄难治是心魔。

七绝 悼袁隆平吴孟超院士

再世神农改稻粮，重生扁鹊治膏肓。

而今举国纷飞泪，饿病思来痛彻肠。

七绝 阿Q

弱民阿贵拳头软，聊以精神自慰过。

咸与维新跟造反，不知冤死所因何。

七律 七七事变

八千倭寇凶如虎，十万华军软胜泥。

纵是勇夫留死节，依然怯帅弃生黎。

庸君自有官兵保，颓国唯闻妇幼啼。

血鬼卢沟身踔踔，神州遍地马嘶嘶。

七律 记九三阅兵

飒飒金风沐艳阳，京都检阅世辉煌。

八方宾客游军旅，十里长安祭国殇。

巍峨石碑铭义烈，壮威铁甲展雄郎。

老兵一队尤惊目，朵朵红花蘸血光。

七律 屈原

石砥中天伟嵯峨，英华词赋绝悲歌。

九章滴血哀荆楚，一曲怀沙投汨罗。

恶佞原知能灭国，美文不信治沉疴。

贤良弃用殉忠节，后世长叹徒奈何。

七律 过正定隆兴寺

大佛驰名燕赵中，红羊劫难扫清空。

四周香火随风冷，几个僧尼似我穷。

运去十年成漠北，时来三刻即河东。

梵钟几度暗而响，又见信徒频鞠躬。

七律 闻某寺庙主持性侵尼姑

香疤九粒脸犹憨，寺庙官坊两界担。

清静六根常主训，规箴十戒每高谈。

手持尘拂心堆土，口念莲经神进庵。

今与小尼衾已共，万千信众意何堪。

七律 二月河

小说完胜清史读，帝王电影摄心魔。

提刀跃马大平世，劈土开疆哉乱歌。

几代屠城文字绝，满朝跪膝辫奴多。

康乾雍圣降冥旨，犒赏遗臣二月河。

七律 挽张首晟（飞雁格）

久负盛名东贯西，美中院士两相宜。

攀峰登顶星光满，创业投资血本亏。

量子自旋惊醉梦，皇宫诺奖待归期。

硕师何忍陨身跳，公式长留刻墓碑。

七律 马云退休

凌云俯瞰已多年，看透江湖过眼烟。

穷汉或将财宝拜，富翁顿感剑刀悬。

曾经海路抗风雨，不忍渔人烂棹船。

狡兔尚明藏身术，收锋息铎自超然。

七律 说李敖

口若悬河笔似鳌，外披铠甲内襦袍。

雄章沫啐三千客，壮胆声成五载牢。

目怒金刚文治府，眉低菩萨武功刀。

钟情美女多情变，难与丹青说逸操。

七律 评蔡英文民调直落

由来百姓政权更，票决公平应不惊。

世界多元难独霸，台湾二代易双英。

评功记过庶人讲，问策询安大道擎。

自古皆明舟水意，须知此事靠躬行。

七律 美国总统竞选

统位拼争热戏推，双方口剑决雄雌。

青衣常骂风流种，花脸频抛邮件词。

国策评谈空腑肺，人身诋讦满须眉。

公民啧啧声声叹，大象毛驴我选谁。

七律 哭南京大屠杀

金陵青史久经磨，最忆屠域是挽歌。

健甲三军持节少，残尸百姓垒山多。

婴啼僵母舌含乳，风啸平原血起波。

忍读兰成千古赋，长思掩卷泪滂沱。

七律 咸阳怀古

天下枭雄已尽拿，咸阳立核帝都衙。

阿房殿炫金人体，兵马甬挥钢戟叉。

本欲山河传万代，谁知香火止单娃。

坑灰埋种宫楼焰，对此难明是局家。

七律 咏古都西安

天下枭雄已尽拿，咸阳立核帝都衙。

绕梁韶乐飞红舞，映壁琼楼出彩霞。

内统坑焚诸子述，外防墙筑万屏遮。

可怜一把无情火，直笑皇权想独家。

七律 忆湖南抗战史

无分南北与西东，奋起存亡此命同。

一寸山河一寸血，七场搏杀七戎功。

芷江降塔见赢负，衡岳丰碑彰烈忠。

自古颠秦三楚户，人间双耳贯雄风。

注：七战指发生在湖南境内的长沙、常德、衡宝、湘西的七次会战。

七律 北京市府迁址有记

当年争论成青史，犹忆贤良义胆肝。

几代皇墙除拆早，八方车辆挤行难。

物非人是口碑辨，云散天晴屎尿干。

今日疏城分主辅，梁林泉下拍惊栏。

七律 魏征之悲

辅佐唐宗功至奇，宏图贞观国威蕤。

朝廷公谏言多纳，田舍翁讥色不移。

自认竭诚无犯讳，身亡未冷即衔碑。

残留史镜千重影，代代储君背十思。

七律 临安怀古

两帝徽钦亡国君，靖康之耻普天闻。

临安残守山河裂，久乱长悲骨肉分。

府里佞臣衣楚楚，戎中勇士血殷殷。

后来游客争相觅，哪个哀丘是岳坟？

七律 史笔

历史姑娘装扮频，一朝君主一朝新。

井岗扁担曾经换，淮海头功已见轮。

爵禄书连弯曲者，牛栏鞭指直刚人。

焉知无有董狐笔，四柱昭彰清册真？

注："朱德的扁担"是井岗山历史故事，文革中主人变更。

七律 封建史感怀

历代帝王心不浅，勃兴称霸亦何衰。

始皇横扫六雄久，大殿焚烧三月悲。

龙凤皇堂询治变，马牛草泽怒驱驰。

周期各自有长短，难出二强秦汉时。

七律 回眸一九七八年

寒非一日坚冰厚，犹忆当年破铁笼。

冤案万桩从鬼别，贱民五类与人同。

自由讨论阳光里，真理追求实践中。

回首蓦然潸老泪，面南三拜吊胡公。

七律 玛姬的命运

玛姬一岁被父母遗弃，后被加拿大夫妻收养，十九岁的她今年获游泳赛世界冠军。特记。

唯因是女苦砻磨，襁褓亲人弃路坡。

异国夫妻施德爱，累年形影系心窝。

怀温一尺孤英久，浪击三千白雪多。

夺冠池中扬霸气，众民喜罢所思何？

七律 梅汝璈

东京审判拍惊涛，困兽囚笼犹斗嚣。

十万严词钢铁证，七条恶犯绞刑刀。

群中弦管多洋器，独上云林频汝璈。

一曲壮歌弥久响，残年抒出笔端豪。

注：洋器：由国际法庭组成的远东国际军事法庭多为欧美西方法官。璈：古代乐器："上元夫人自弹云林之璈，歌步玄之曲"。梅汝璈在国内被打成"右派"，晚年在各种运动的冲击下仍然奋笔书写东京审判这一重大事件，直至去世，其未完稿由其子梅小璈完成并付梓。

七律 孔子论语之命运

经纶世务足昭彰，半部曾闻辅助王。

礼义周公当不灭，墨儒秦火竟先殇。

七贤名士归林隐，五四男儿效楚狂。

攘攘百年谋出路，潮流奔涌浩汤汤。

七律 左公柳

大名曾为左公立，记忆凡间久已违。

战士将军谈隘险，文人墨客说皇妃。

一程绿柳一程景，世代鸿勋世代威。

莫道花飘无定向，扎根西域不知归。

注：（1）左公柳：是晚清重臣左宗棠西进收复新疆时带领湘军一路所植道柳。（2）说皇妃：楚王喜细腰，入宫皆柳腰。

七律 孙悟空

玉帝封官弼马温，蟠桃筵上耀朱臀。

眼明识得妖精骨，心醒参追衙府根。

不向莲花盘拜佛，专敲魔鬼窟开门。

自凭神棒千钧力，岂让人间恶煞存。

七律 那十年

千古刑场惨烈风，十年受害竟趋同。

专家冤死污名臭，派性招群斗眼红。

忠字舞排成瘦骨，老三篇背克饥虫。

时人有说不能否，可请尊身入瓮中。

七律 风雨无阻快递员

东家递了递西家，一骑匆匆度岁华。

白日常忧时表促，黄昏每恨货单赊。

不惊风雨难行路，唯忌龙蛇易堵车。

若物延期迟送到，薪酬又扣只叹嗟。

73

七律 代失业者元宵述

狮舞升平万象罗，抢猜灯谜共谁过？

富家年礼仓房满，贫汉债情心事多。

何处招工寻信息，无人教我闯关河。

网搜忙碌求生计，不享屏前笑与歌。

七律 皇室岁月

三千几岁漫长河，皇室悠悠五百窝。

比赛江山谁坐久，寄希龙凤嫡传多。

黄袍总被刀锋制，铁血皆随王子挪。

检点那些沦破事，朝天我自一呵呵。

七律 司机遇见

黑脸油身腰腿酸，司机饭碗渐趋难，

明明北斗无通讯，咄咄东关出罚单。

血币二千无价讲，汗劳十日一朝完。

死前犹作补天想，剩下遗书普世叹。

七律 凡人小事

垃圾袋扔街上弥，苍蝇逐臭已多时。

华容大腕匆匆绕，布履青年默默移。

无字读书皆会读，有心为善小当为。

凡人些事能箴教，道德文章天下师。

七律 聆阿炳《二泉映月》有感

一袭青衫枯竹牵，盲翁卖艺竟街穿。

凄哀旋律花同瘦，感慨浮生梦不圆。

尘世痴声多众粉，鬼神泣涕独双弦。

斯人已逝无遗物，馈下希音立曲巅。

七律 柴门凌晨

打工需远赴羊城，赶早长途起五更。

随口狼吞盘底饭，湿眸微吻睡中婴。

三冬寒夜心犹热，十里荒山路不平。

妻送村头忍回转，倚门掐指算归程。

（获竹韵汉诗协会会员刊诗塞第四名）

七律 临行

大年初八踏征尘，别意匆匆告众亲。

祇盼如今能找活，曾闻到处要求人。

孤身在外安危重，千里分离妻子珍。

衰老萱堂揩泪目，嘱儿记发视音频。

七律 贪官的选择

本该尽瘁为斯民，却敢贪私任手伸。

人事运权纷得利，鱼鼋下海屡披鳞。

三年千万银如雪，一审无期枷扣身。

悔否迷途行错路，当时难道不知津？

七律 丧偶翁

楼下东欧一老兵，提壶浊酒尽狂醒。

常呼外卖粗蔬饭，惯作家亲白首情。

有日饱烟熏八颗，无时饿虎吼三声。

养成此病悲何故，至爱天边冷骨茔。

七律 建筑民工的假日（新韵）

承包活计总加班，最怕隆冬朔气寒。

蹲野三餐和露雨，养家五口供炊烟。

银行谁料融通紧，老板工停运作难。

从此尘途归去夜，再无节假挤车欢。

七律 悼李小文院士

世界著名遥感地理学家李小文院士因病不幸去世享年仅 67 岁
谨以此文纪念他。

> 布履布衣真院士, 亦邪亦正二锅头。
>
> 您于霄汉安天眼, 我在家中看地球。
>
> 宇宙有情传硕果, 酒精无意锁深喉。
>
> 君今不幸离人世, 世上从兹少火眸。

注:(1)李院士生前一天一瓶二锅头,终因肝硬化而不治。痛哉!
(2)火眸: 火眼金睛。"西游记罜第二十四回 "风吹火眸 西路杳,
灵吉飞来百难空。"

七律 再说孙悟空

> 真身原本出岩阿, 灵性天生可若何。
>
> 每遇妖精拚死斗, 却遭头领咒经拖。
>
> 千钧棒不输禅杖, 方寸心知寻达摩。
>
> 九九难关山水险, 只凭信念度风波。

七律 红楼梦人物焦大

几朝元老冠红楼，显赫功名可列侯。

救主命关悬一息，排薪禄位置三流。

真言醉骂扒灰佬，贾府沦为漏水舟。

家事岂容奴妄议，立招马粪塞深喉。

七律 江湖枭雄现象

今古江湖注目谁，枭雄现象乱三维。

相同谋利肥宗派，各异修文扯大旗。

携手惯看成对手，皱眉休问又开眉。

滥行杀伐天人怒，死后民心恨决尸。

七律 杜甫

诗圣诗章入我眸，弥篇郁悒悯贫浮。

屋茅已捲秋风落，夜雨还存寒士忧。

几过朱门思路骨，常将白眼藐王侯。

惊心三吏并三别，每读伤怀感不休。

七律 苏轼

大节居朝孤独者，谏开放口老狂名。

乌台诗案连生死，黄卷松灯伴雨晴。

笔落绝尘雄隽立，贫来拓地细深耕。

虚怀直纳黎民诉，岁岁苏堤听政声。

七律 忆平反昭雪

当年拨乱驱云时，赖有还朝热血儿。

冤案万桩皆洗辱，贱民五类亦舒眉。

萧条产业生机涌，熣灿文章春色驰。

德厚恩深人已去，鄱阳湖畔泪空垂。

七律 往事

红旗三面展风雷，亩产万斤经验推。

转眼城乡灶灰冷，举家老少目光呆。

条条肿腿难行步，户户婚妻不坐胎。

饿殍阴间还在问，几分人祸几分灾。

（获竹韵汉诗协会会员刊诗赛第二名）

七律 今日人世间

丛林法则未曾休，道义亦将凶鬼收。

耿耿民思安日过，嚣嚣帝渴战云浮。

应天大众非刍狗，扩域雄心费土牛。

血肉铸成钢铁壁，无人机去取魔头。

【贺新郎】读唐师僧 "张伯驹门前的泔水味"有感

哀愤难平久。有谁能, 连城国宝, 不留其后。 从古贤良多忠厚, 屡被奸臣陷构 。戴高帽, 天天游斗。若问人心何所见, 却原来, 捲澜无凭救 。唯陈毅, 一知友。

假民主万恶其首。想当年, 神州腥雨, 虎狼奔走。蹄踏生灵如蚁蚪。百姓三缄其口。看今日, 争评肥瘦。毕竟潮流奔大海, 不由他, 上下翻其手。火种在, 总能救。

【风入松】全红婵

跳台腾跃五空翻。身健赛轻猿。鹭鹚入海身无影，压水花，三上峰巅。分满已成超世，齿增该未笄年。

披开胸境作何宣。娱记问红婵。澄怀纯朴多情妹，为爷娘，医病筹钱。昌世家贫如此，美娃心孝当怜。

咏物言志 畅叙情怀

五律 赌石

冷眼看炎凉，悠然置大荒。

任凭滔雨浸，何惧逆风狂。

可以成基础，难为入绶囊。

心由工匠琢，偶尔放华光。

五律 红薯

儿时一嫩丫，三倒两歪爬。

不学攀天术，专营耕地家。

青春怀素望，黄土育珍娃。

待到秋来老，能承满桌夸。

五律 咏柳

执着亲田地，弯腰意不穷。

曾将凌云志，付与孟春风。

体缺直高白，形无富美红。

耻看喧嚣市，满道是油桐。

五律 咏向日葵

雅名为丈菊，素与菜农随。

不作丹枝想，唯将白日追。

幼期形玉立，壮季貌葳蕤。

及至星光灿，谦谦俯首眉。

五律 月下昙花

女儿林中家养昙花，秋月一日夜十时怒放，次日凌晨已谢。叹红颜命薄，遂吟成五律以记。

万籁秋林寂，佳人月下来。

徐徐掀紫盖，烁烁出丹台。

颤蕊幽香发，穷颜弱体摧。

辉煌拼一搏，谢世普天哀。

五律 罂粟

一物声名怪，花容赛媚娘。

少时医病药，过量毒砒霜。

东土防灾眚，西夷祭吉祥。

休谈观念异，只是痛枪伤。

五律 虎

坐卧装雄伟，众生皆小虫。

眉藏刀剑气，目养电光瞳。

匍匐趋珍物，翻腾起旋风。

大王千兽薮，只怕锁钢笼。

五律 山花

贫肥多瘦骨，缺水扎根深。

境压身难倒，瘟流体不侵。

枯荣时序意，松柏岁寒心。

待到妍姿灿，遍山蜂蝶吟。

五律 中秋月

此夜玉环娇，盈盈出绛霄。

东西存共愿，向背不同朝。

原是故乡望，今成羁思撩。

知情明月意，劳碌转双宵。

五律 咏苔

不与朱门伴，韬居逃盛阳。

绵绵连地气，脉脉织衣裳。

一副萧娘貌，几分陶令肠。

丹英莫轻薄，各自有文章。

注：苔，民间有地衣一说。

五律 兔影

机遇逢霜兔，晨曦照草丛。

全身堆白雪，双眼耀丹红。

蹦跳出三步，伏来成满弓。

见人趋近贴，一箭射林中。

七绝 迎春花

本色原无异样黄，御寒不及蜡梅强。

但凭能报春消息，引领繁花次第香。

七绝 咏物四题

（一）陀螺

主人一击乐颠颠，撅脑摇头舞半天。

遍体鳞伤终不苦，只缘生就此身圆。

（二）喇叭

嘴大音高好噪哗，应酬红白气场加。

单凭主子心情变，不作为时是哑巴。

（三）筷子

也算八仙中贵宾，一伸一缩献芹频。

送鱼送肉加豪气，终是牢笼掌上人。

（四）秋蝉

每入秋寒惜此身，本能反应似常人。

争鸣到死声方息，谁把哀伤当作真？

七绝 四季水态

（一）春雨

田农戴笠急春耕，昨夜新芽拔节生。

紫燕斜梭纱里织，荷池水涨听蛙鸣。

（二）夏雹

正常生态身柔软，服理周方善斡旋。

不料愈升心愈冷，青天白日落冰拳。

（三）秋霜

高树寒蝉声已息，螽斯草里正高鸣。

天宫一夜施铅粉，顿使诸神白发生。

（四）冬雪

磨碎浓云撒半空，如筛玉屑映苍穹。

敛齐人世悲欢泪，蕴入来年雨露中。

七绝 春草

祖上无名家境穷，不争香艳不争雄。

但凭四海心根在，借助青阳便郁葱。

七绝 春雨

远看纷飞穿引线，近闻嘀嗒杼机声。

针姑世叹功夫巧，大地新衣七彩明。

七绝 水

不入荤油不上攀，亲和万物润周环。

若逢高压无它路，便是冲天一怒颜。

七绝 鱼

鱼族平生意若何，驰翔击浪自由多。

纵知四海铺纤网，也不沉泥学蚌螺。

七绝 伞

众骨关联中柱擎，行藏软硬巧相衡。

轻轻开合对尘世，一任乾坤作雨晴。

七绝 海

不辞涓水带泥沙，天地宽怀润物华。

化腐翻成珍宝库，珊瑚养得赛琼花。

注：珊瑚就是无数珊瑚虫尸体腐烂以后，剩下的群体的"骨骼"。

七绝 数字货币

每脸卑谦刷尽屏，货钱交易走无形。

世人都是毂中客，密码难开大锁扃。

七绝 绿草

草莽山原铺碧茸，不争高大不争红。

晴天一遇好光合，满目清舒倍郁葱。

七绝 影

微信吟诗落笔书，清风二字几踌躇。

自从得病于蛇咬，形状而今悸有余。

七绝 民心秤

此秤自能称大廷，民情应是杆中星。

铁砣起落无私意，美恶政声公判明。

七绝 蚕

微躯历命不盈年，满腹经纶行义捐。

日夜吐丝虽自缚，茧中犹在梦春天。

七绝 颜色

园里团花簇锦装，互争容冶喜人狂。

孤松不比好颜色，只待冬来斗雪霜。

七绝 红与黑

四次蝉联幸福城，遁情拐卖世人惊。

虽然红黑早迟辨，但识机关在众生。

七绝 勿忘我花

凄美花名故事含，恋人为爱落深潭。

英文高喊音惊耳，直愊痴情一世甘。

七绝 浮云

秋游行脚半山腰，俄忽云遮似景凋。

凭兴奋身拼力上，豁然天朗竞妖娆。

七绝 秋蝶

已感天凉气力微，残阳一抹洒余晖。

扑楞几度忽腾跃，直面寒花振翅飞。

七律 麻雀

麻雀虽小，却似大丈夫行事，论是非不论利害，论逆顺不论成败，论万世不论一生，志之所在，气亦随之。余敬之歌之。

毛羽难争金雀优，蒙冤曾进害群流。

捕虫啄啄多生计，开会喳喳不带愁。

一旦笼囚身绝食，几番气炸命长休。

从来未列宠名录，赢得儿孙有自由。

七律 观量子现象

世象纷繁万万千，精灵量子独牵连。

相逢咫尺身迷失，忆别迢遥鬼纠缠。

唯物唯心歌大统，学文学理拜神仙。

穷工教授释疑义，人类仍难骏极天。

注：颔联借量子隧穿、量子纠缠两效应比喻。

七律 狗年说狗

吠声吠影总汪汪，敏感如斯设预防。

贫贱未嫌家困苦，富华不改性忠良。

闲抓耗子管猫事，忙缉顽凶脱马缰。

护守庐园心贯一，任凭盗贼说骄狂。

七律 咏雪

冱寒琼宇九门开，天帝冷宫驱下来。

素面若梨花陨落，轻身如柳絮徘徊。

凄妍默默铺枯径，贞秀依依伴腊梅。

欲近芳魂迎手捧，恐伤悲泪挂双腮。

七律 时光

时光酷若离弦箭，才见清晨便夜昏。

未品春初红杏美，忽惊秋老白霜繁。

人生百岁难留我，树立千章自有魂。

莫怨羲和鞭日月，忙中含笑上西昆。

七律 星空

夜读霍金精力充，闲来兴起握窥筒。

半轮残月衔银幕，无数亮星悬碧空。

忽见烁光拖彗尾，俄惊极速过巑丛。

不知陨石名和姓，或许曾经是桀雄。

七律 奇石

高压熔炉天地造，算来已寿万千年。

风霜炼就肌肤糙，膏血育成躯体坚。

不向斧刀求法度，却随匠手证因缘。

几经磨琢出精品，便是人间第一仙。

七律 莲之和谐（飞雁格）

两个伸头一个潜，融通上下气丝牵。

红花碧叶相扶爱，白藕乌泥互养莲。

日沐风薰香雾郁，露沾雨湿秀华妍。

文儒多诵品高洁，我慕和谐颂自然。

七律 菊花

寒花九月何豪发，霜露泠泠对汝侵。

破萼向人该有托，归魂傲骨本存心。

生来不借东风润，老去能迎北雪深。

陶令当年曾作友，骚章代代诵知音。

七律 路灯笑月亮

苍穹夜幕徐徐落，镜白街明各守时。

偶尔云吞遮桂魄，居然灯笑绽花枝。

空中霸气俗欺汝，地上神光我怕谁？

啪的一声关闸黑，讥人短者拥何资？

七律 霜花

本是前身水质柔，曾行江海载轮舟。

升腾天宇骨心冷，降入人间面目秋。

山里正忙修险路，城中还在建高楼。

含情吻上民工脸，眉挂琼花劲更遒。

七律 雪

亦像飞花亦像棉，飘飘洒洒漫无边。

玉阶静听潜声秀，琼树遥看放蕊妍。

地热相欢从井涌，酒温客饮碰杯连。

来春幻化成春雨，滋润河山迎瑞年。

七律 手机

亿万凝眸入毂中，人间处处颇相同。

新闻点点留泥爪，微信封封托雪鸿。

停用一时空落落，盯看每次兴冲冲。

仙机好似自由乐，触犯幽灵睁眼矇。

七律 题古树

韬树娑婆繁衍盈，丰雍华盖展豪英。

红尘品尽千般味，独粒生成百子丁。

不慕穹林高大上，但求宗族众峥嵘。

姑娘小伙盘阴坐，叶叶枝枝皆有情。

七律 异地夫妻手机

不用一年逢七夕，时时可遇路非遥。

关情字里书辛苦，隔匣声中慰寂寥。

每有钻心思会面，便开视话遣相邀。

驾灵幸自能驰骋，何必忡然等鹊桥。

七律 火鸡（飞雁格）

分明为鸟却称鸡，赫赫英名土耳其。

羽黑头红多瘦肉，情浓尾灿扇雄姿。

翔林比雀投身慢，横路迎车踱步迟。

最是人工持养好，感恩节里万家炊。

七律 咏水

简单元素结为常，涵养可柔兼可刚。

液固气皆三态善，海空陆占几分强。

贤才放尽低身段，灵命生成大乐章。

若遇密封高压久，愤然夺路不商量。

七律 海之情

接天近色费分明，万里沧波混浊清。

溪水嚣争凭有势，海洋自拥却无声。

徐徐浩淼载轮远，默默浅深繁物盈。

时也不平翻变脸，敞怀一展爱憎情。

七律 咏竹

人怜直节仰天昂，我欲歌之韧性藏。

土脊能连三径满，身柔可任八风狂。

毁躯斩首根犹在，埋地繁鞭子更彰。

若住蓬山求翠隐，有心先去种幽篁。

七律 菊花

十大花中前位列，四君子里有芳名。

此身只与寒为伍，他日还凭人入情。

元亮醉思归梦伴，黄巢美作得天兵。

凡民观赏当醪品，一夜酣眠万虑清。

七律 雪中观梅

琼糜南国冻离奇，天与风流秀共时。

览世未因寒歇步，著容独以艳凝枝。

神同磊落竹松傲，形似玲珑霜雪宜。

不怨迟开花怕冷，把春消息报真知。

七律 蜜峰

整日劳形于蕊中，绕西丛了绕东丛。

寻园觅处闻香品，鼓翼招朋绝世聪。

六角筑巢如虎帐，千家连壁似皇宫。

蜜虫采蜜异蝴蝶，虽共迷花梦不同。

七律 春草

春雨随风潜入土，烧痕褪去露存荄。

初时黄浅天边远，几日青深眼底来。

款款饱鹅摇步唤，营营饥兔忘头抬。

草身不供豺狼食，甘作牛羊制乳材。

七律 惊蛰

循环物候复年年，电闪雷鸣雨后天。

出洞乌蛇忙腹饱，傍花翠鸟比身妍。

韶光大地青山醉，芳草微身碧叶鲜。

确是严寒生冷血，春温冷血醒冬眠。

七律 柳丝

鹅黄初上早春枝，染发姑娘秀发垂。

心吐琼花刀妄断，脸朝大地愿常随。

千条栉密梳忧处，百结肠柔送别时。

此味世间无比较，东君相见亦谦卑。

七律 蝉

十七年间蛰伏生，命存见世六周程。

阴阳往复无须计，贫贱兴衰不足惊。

且惜青春当好梦，更怜佳侣寄深情。

树梢嘶哑唱知了，一曲云歌万事轻。

七律 粽

芦苇叶包蒸糯米，雄黄佐酒享甘辛。

百丝缱绻团团绕，四角玲珑凛凛伸。

非解一番绳下绑，难尝五味粽中珍。

灵均千古芳魂在，端午年年敬直臣。

七律 咏夏荷

临夏荷塘一卷诗，清华满目叹神奇。

入污素白岂能染，化秽绿红赢得滋。

日沐风薰香泛泛，根连气贯缕丝丝。

此君雅俗皆持洁，有种千年志不移。

七律 露

隐于霄汉四通途，降到凡间扮丽姝。

树盖凝悬丹紫玉，荷盘摇作水银珠。

吞含日月证圆缺，来去田园决润枯。

纵是此生生命短，也拼津沫共相濡。

七律 说避役变色

民间虽以龙冠名，却以变色诛之。为正名而记。

避役单和壁虎量，每因变色负诛伤。

外观形体皆同祖，内食蚊虫无异行。

断尾谅难称勇敢，换颜应不是佯装。

自然天演都循道，适者生存论短长。

注：避役，爬行动物，俗称变色龙。

112

七律 月季

皇后园中风景好，一年四季是春天。

芳苞映日殷于火，红颊生香美似仙。

酒啜不妨宜月下，颜拼切莫近花前。

唯因养眼引心醉，心醉徘徊可忘年。

七律 中华文化四元素

旋律轻弹韵绕梁，知音心领角宫商。

乾坤变化多翻覆，黑白纵横论短长。

笔走龙蛇千万态，纸钤金石两三章。

谁人留得春常在，唯有丹青照紫阳。

七律 皮影戏术

屏前影偶借光照，材料牛皮体镂空。

上下按提随仰俯，往來顾盼显玲珑。

主牵杆线频频动，角演姿神样样通。

最是剧情睛可吸。时人已忘后台功。

七律 牌坊

贞洁牌坊几度修，如今远胜旧鳌头。

明珠早已披红色，乌帽不曾生绿忧。

自治从来街道事，共和不锁市民楼。

何时养得纵横婊，崛起中华八百秋。

【水调歌头】菜园

一声送春雷,万径卸冬寒。举锨挥汗畦苑,希望播心田。孟夏青苗拱地,暑月硕花开放,蜂闹蝶翩迁。首秋挂香果,成绩总斐然。

晓捉虫,午遮日,晚铺毡(注)。凭他酿就春色,不复记流年。视此逍遥尽兴,快意远离浊界,满目百芳妍。歌罢携君手,且共赴桃园。

注:波士顿地处北美高纬度,季节晚,日夜温差大,故有此现象以保护幼苗。

【卜算子】云

不愿背虚名,善恶行双手。大圣当年战悍魔,助力腾斤斗。

欢喜笑颜开,愤怒成雷母。凝聚人间埋怨声,劈鬼惊天吼。

【卜算子】风

柔软似飘丝，刚硬坚如铁。来去无踪住宿空，不与凡尘别。

喜可拂红腮，怒喝洋天裂。若是人间浊气脏，一扫城乡洁。

【解红】题杜鹃花

脸傅粉，韵惊魂。灿然一笑留晚春。

身是瑶池小仙子，下凡自愿嫁红尘。

悲群泪雨 疫三年

五律 庚子年夏日波士顿街头

开窗心怅然，忍目睹街边。

店面成残脸，人流非去年。

噪蝉新雨后，黑命贵风前。

接警无他计，瘟期又一篇。

七绝 庚子年清明国祭日记（飞雁格）

举国哀旗降半空，悲群泪雨洗双瞳。

此情但愿能铭记，不再人间覆辙重。

七绝 劝远离野味

野味烹来自作珍，心生颐朵嘴生津。

莫言食后无因果，一口须还它一身。

七绝 国际因疫羁旅伤

天地虽宽限启航，一年久未探爹娘。

今人不及衡阳雁，风雨如磐犹返乡。

（获竹韵汉诗协会会员刊诗赛第三名）

七绝 庚子腊月初四注射疫苗有寄

抵角牛来步稳沉，医科天使送佳音。

已将淫鼠笼中捉，今日我先头一针。

七绝 乡村即景

赡家熟麦待收割，城里民工火急驱。

村干多名前喝止，核酸验证有还无。

七律 庚子新年

情动山河逐日长，子年新岁却悲凉。

一盆野味毒三脏，武汉流瘟惊八荒。

寂寞江城黄鹤杳。喧哗医院白衣忙。

亡羊牢补未为晚，治在心灵是药方。

注："武汉"借音对（武一五）。

七律 迎春

子年岁首疫淫行，华夏凝寒哀气生。

寂寞城乡天地远，喧腾医院往来惊。

闭门不闭亲朋爱，封口难封家国情。

期待一声雷炸响，复苏万物把春迎。

七律 悼李医生

杏林志士伏尸寒，一夜江城蜡泪干。

千古悲凉逢闰运，百年想象梦衰残。

谣言真相能颠倒，训诫文书足指看。

理应问谁当负责，汹汹民意送清单。

七律 盼春

庚子双春春却迟，人情疫事世均知。

深居聊驻窗前景，微信怕停群内辞。

草碧花殷赏何日，心红衣白倦多时。

只期拨雾驱寒退，灿烂妍芳绽万枝。

七律 夜读

血赤为文六十章，床头倚枕读方方。

敢朝溃处治深痛，何惧谤书充暗箱。

实话篇无宏大旨，真情句露热衷肠。

只因常识手心握，罪落乌台亦不慌。

七律 瘟疫下的三龄女童

题记：庚子正月，武汉瘟獗。一家三口，幼女三岁。父母先后因疫而亡。当抬着妈妈的担架出家门时，女孩挣扎着追上妈妈，哭喊"妈妈，我要和你一起走，不要扔下我！"不日，可怜幼女也因疫而亡。见此景，看惯了死亡的医护人员竟全部嚎啕大哭起来。是夜，天降大雨。以记。

髫龄乐岁梦酣时，话语成人未备知。

小鹿含情才断乳，惊鸿失爱已衔悲。

一同三口染瘟病，仅月全家绝后儿。

留句妈妈休弃我，长天恸哭作何思？

七律 疫期幽居

小小幽灵几病株，世人莫不被囚拘。

夫妻日夜茧中转，风雨阴晴剧里娱。

网上无聊寻弈局，灶前有意练庖厨。

沉沉昏睡五更起，闷闷解忧提酒壶。

七律 庚疫

庚年瘟疫肆凶久，举世哀传遍地殇。

咫尺亲朋空对月，满城医院病无床。

冷清行业复工少，热闹官僚甩劲忙。

既是共同联合体，为何撕咬互残伤？

七律 春耕

邑乡犹未绝瘟情，岭上频传布谷声。

库里余粮关国力，田头压活涉时耕。

隆隆抽水泵沉响，得得插秧机叠鸣。

秋至人勤天不负，相邀把酒庆收成。

七律 秋望

天涯一望瘁心疲，庚子今秋非往时。

驱疫半年传又密，盼苗满意打还迟。

西南外扰无穷尽，东角内纷何了期。

举目环球多疾病，消灾可是有良医？

七律 这世界有病

江湖已染沉疴疾，深入膏肓衰病身。

钱足能招推磨鬼，权倾可做发财神。

全球瘟疫狼牙肆，各国官僚嘴仗频。

媒体鼓登增核弹，不知谁是递刀人。

七律 感怀

变故纷纷不可防，世情走势费思量。

事修实与时风背，人蠢空招智士忙。

好友同声多耿耿，微书异字见惶惶。

已无家业心头挂，总作羁愁念楚乡。

七律 答国内友人

煎熬毒瘴半年余，已惯屈身于敝庐。

不死精神难寂寞，有情诗笔未空虚。

从容评网络真伪，反覆看旌旗象驴。

国内亲朋劳赐问，灭瘟只待疫苗除。

七律 庚子岁暮感怀

半年囚闭作笼禽，网让开飞入竹林。

幸得展张思想翅，未能辜负自由心。

人间岁月祸依福，世上风波芒对针。

欣见疫苗驱鼠尾，可期老子策牛临。

七律 困居这一年

无事十年如疾箭，有灾三刻泪寒长。

居闲蜗室平生久，门可雀罗终日狂。

见面已成奢想念，灭虫每看大文章。

喜牛将踢鼠窝穴，牢记人间庚子殃。

七律 今年过年

遭瘟横扫困穷年，佳节风光异以先。

酒店萧条难办席，家居温暖不团圆。

从前阔别手牵手，今日相逢拳碰拳。

岂是无情甘冷漠，爱心一片在春联。

七律 牵挂疫情

天灾人祸因何起，雾幕重重难见真。

多角新冠频变种，全球群众久藏身。

疫苗妄盼两针效，病毒惊亡百万民。

世界将朝何处去，共同体下问迷津。

七律 辛丑望秋

毒波几涌未停澜，又是一秋行路难。

人到高龄盈首白，树逢凉季染山丹。

耐寒壮菊窗前发，倒枕齐衾梦里安。

风雨生涯都受过，任凭脚下水漫漫。

七律 秋韵

彤云渐起满周天，风帚沙沙卷叶旋。

门外火鸡团互拥，空中阵雁紧相连。

年年秋景多如是，世世春光非偶然。

不信瘟虫牢不灭，人间总会谱新篇。

七律 居美子女圣诞节不团聚有寄

毒疠横行暴害年，今冬苦意不团圆。

两蜗角斗争权位，百万民生落九泉。

活命家中堪有幸，凭心网上慰相怜。

频传驱鼠疫苗好，老子骑牛已响鞭。

七律 虎年寄望

桃符欲写费平章，暂借新年托热望。

人蛰蜗居何日了，虎奔牛道比谁强？

安知尘世能参透，但愿瘟虫尽剿光。

满眼三阳开运泰，天涯到处自由航。

七律 过年视频

熔断航班因疠疫，探亲佳节视频陪。

拨云万里畅迎面，望眼满堂酣举杯。

孤独老人痴独子，一双喜泪挂双腮。

普天之下情丝密，织得春光网上堆。

【霜天晓角】 哨鸣风雨（依钦谱）

一声文亮。人在云端上。信有瘟情风雨，欲警示、吹哨响。

不让。下禁状。为稳捂真相。直待积尸人世，再回首、万人仰。

诗坛学步 酬唱往来

五绝 劝君多写诗

劝君多写诗，免得患呆痴。

不怕行家笑，尊前拜老师。

五律 岁末竹林学诗

时近逢年节，欣然入竹林。

高山盘翳鸟，深庙见观音。

偶踏迷踪路，单传复活心。

多情缘眺听，一步一哦吟。

五律 步韵和胡、刘二老"瓜咏"

心仪尊二老，羞献一秋瓜。

曾想书怀乐，今知弄斧差。

先生持妙笔，后学缺奇葩。

敬慕达贤您，滋润晚辈啦。

五律 冬夜闻友妻病亡悼挽兼劝

一夜寒流急，飞花尽悼亡。

百年游梦蝶，重泪滴潘郎。

想昔齐眉喜，谈今五内伤。

劝怀庄老志，归处是天堂。

五律 粗石变琅玕

拙作"题杭州西湖夜色"为一字苦，经胡道吾先生点拨，受益良多，有感而记。

触目西湖夜，幽情上笔端。

数须根断易，一字妥安难。

忌"美"思维窄，欣"佳"宇宙宽。

经良师点拨，粗石变琅玕。

五律 啸吟《三十六计》

金砖赵屋仓，劫客上梁藏。

花草观魂假，釜鱼过火僵。

关城连虢虎，纵贼杀生羊。

骂苦声名远，劳人反大王。

注：全诗除了"名""大"在三十六计字之外，每字包含了三十六计中的一计（"火"与"贼"分别与别的字共用一计）。依序为：金蝉脱壳，抛砖引玉，围魏救赵，上屋抽梯，暗渡陈仓，趁火打劫，反客为主，走为上，偷梁换柱，笑里藏刀，树上开花，打草惊蛇，隔岸观火，借尸还魂，假痴不癫，釜底抽薪，浑水摸鱼，瞒天过海，李代桃僵，关门捉贼，空城计，连环计，假道伐虢，调虎离山，欲擒故纵，借刀杀人，无中生有，顺手牵羊，指桑骂槐，苦肉计，声东击西，远交近攻，以逸待劳，美人计，反间计，擒贼擒王。

七绝 文章不怕改

日寻佳句夜凝思，反复研磨惬意迟。

不怕文章千遍改，权衡得失寸心知。

七绝 诗贵情真

华丽辞夸落俗尘，挚情涌动最拴人。

乾隆四万三千首，不及纳兰双阕珍。

七绝 和庭延兄游桔子洲

当年魁俊拭锋芒，桔子洲头唱大江。

一曲高歌空谷响，从兹写尽少年狂。

七绝 断鸿复庭延兄

书信年前已复新，凝眸远念望京津。

飞鸿也在思春节，生怕情多累故人。

七绝 庭延兄文理兼修有赞

数苑耕耘辙迹留，诗文副业亦精修。

龙蛇笔底波澜壮，两界如山任畅游。

七绝 答网友出身贫而贪论

出身岂可论清纯，质洁何须避远尘。

倒是有权如大意，贪污失足却丢人。

七律 与庭延兄通讯一年感怀

酬唱和君甲午年，春风慰我夜难眠。

嫩黄引接群芳艳，老翠相随百果坚。

襟腑求真怀大谷，蓬心受益饮甘泉。

痴情耿耿遥觞咏，着意吟篇寄远天。

七律 答振环兄 "诤友"文

三十五年犹刻记，璣珠文字耐研磨。

生涯蹒步行囊瘪，心地开窗笑靥多。

砥砺相扶无俗忌，切磋迭奏有佳和。

华章李杜光芒在，素友清交共景波。

注:南朝,宋,王僧达 "祭颜光录暠"清交素友,比景共波"。

七律 读海粟《知青短歌》步代序前首韵

凭轩挥笔落云烟，苦雨酸风俱眼前。

昔历霜严摧弱柳，今看玉洁漱清泉。

鸿飞四海拼功力，岁误三春毁少年。

喜读华章青史记，彩霞一道耀天边。

七律 读庄生长河海粟闲鹤诸贤唱和寄感

已醉魂兮诗社韵，琼葩数朵更英姿。

文因才足华章引，道以风清惬意驰。

状物描神留犀刻，怀民抱国寄沉思。

竹林喜看诸贤立，吟啸深山聚骥骐。

七律 读利君同学童年回忆文

童年失怙苦砻磨，两送人家度劫波。

风雪饥寒安乳燕，宅心仁厚遇华佗。

温怀一尺孤伶女，热血三腔大爱歌。

记忆文章头已白，倾群读罢泪婆娑。

七律 登文心楼 步韵长河老师

牵引乡情若梦游，湘西山染入霜秋。

闲观高士洗清耳，静听广陵绕紫楼。

襟抱精神刀雨觅，风流才器锦章搜。

何期能称文心意，一吐胸中万古愁。

七律 悼流岚

早与神交在竹林，期期好韵读渊心。

清风每诉桃园望，明月常当洁玉吟。

澹澹流岚驱浊暑，孜孜向佛浴圆音。

君今何处芳魂骨，四海诗场挥泪寻。

七律 身闲才写诗

退后身闲寻去处，怡情找乐学吟诗。

互联网上逢新友，相与交中拜老师。

忆事叙怀情款款，谋篇炼句意痴痴。

小词一曲浮心海，快活清凉胜冰池。

七律 百期有感（藏头七律）

竹林春笋正当时，韵雅鲜浓雨露滋。

海养乡情情意厚，外移根祖祖心慈。

出云节节迎风粲，刊赋篇篇入眼痴。

百醉难离篁筱好，期将来日绽新枝。

七律 春动诗情

一响春雷万物熙，南风吹暖意迟迟。

晨迷林巘人充氧，晚别河桥柳约期。

花影娇柔和蝶舞，莺声婉转运心知。

东君问我可陶醉？随手拈来尽是诗。

七律 新诗集出版致主编

诗词结集系心头，喜讯传来正仲秋。

居美三冬无墨客，入群一岁见贤侯。

嫁衣百洞赖君补，椽笔千寻慰我收。

编辑竹林多付出，神交日夜跨洋洲。

七律 春景 （步韵燕子主编《春寒》及诸诗友）

喜闻高鸟落云枝，各展歌喉酬唱诗。

惚耳音圆双和好，老夫口拙复归迟。

散居海外多骚客，群聚林中一妙棋。

我愿篁山春色艳，寻芳揽胜尽情痴。

七律 竹韵协会三周年庆

竹韵吟诗摆擂台，会员争显济时才。

金鸣催马飞蹄疾，题出萦心促脑开。

头取五名凭感悟，夜行三审费徘徊。

此期莫道无围入，检点原因吾再来。

七律 诗意人生

人生百态万花筒，霜露阴晴雨雪风。

诸事入诗情有永，一朝闻道乐无穷。

沈沈块垒抒胸外，浩浩山河醉梦中。

吟唱不离烟火气，成篇只患句难工。

（获竹韵汉诗协会会员刊诗赛第五名）

七律 晚岁年华

生涯扰扰迹何寻，晚爱幽居野竹林。

游识群贤消日整，归怀一曲见情深。

高坡断续常闻啸，低首迂回复作吟。

赏得篁山春色美，诗成摇落故园心。

七律 诗酒兴

灯前拟稿竹林投，绿蚁盈香杯满浮。

天下风云来眼底，人间祸福上心头。

放喉难与七贤啸，落笔每思三昧修。

不学屈原醒到死，愿随李白醉仙游。

七律 学诗记感

宋韵唐风实不专，多回临笔近枯泉。

退之点拨词还在，贾岛推敲夜未眠。

才浅难为千步窘，情深能看几分虔。

白头乐学丰闲暇，得句忘形飘若仙。

七律 贺竹韵汉诗协会成立五周年

一瞬成林五度春，八方相聚是同仁。

诗词初学皮毛浅，笔力渐舒眉目淳。

个个命题如大考，堂堂课业指迷津。

家珍数百期刊灿，应念审编尤苦辛。

七律 自嘲（韵和萧郎老师同题）

生平已列排行九，久臭难翻体面香。

反右时来人夹尾，濯缨溪下水如汤。

青春一度情还热，白字三番心透凉。

瑶想每逢遭黑劫，邯郸不见吕翁郎。

【清平乐】拙和一首网上词"赏花"

既懂痴醉，何忍将揉碎？妒美恨贤非善类，花自芬芳无罪。

招蝶亦是天然，冤家胸窄难眠。不信红颜命薄，嫁与大地同源。

【满庭芳】竹韵海外

玉笋峥嵘，清风浩荡，盎然海外篁林。剪裁高竹，崛立竟千寻。云集天涯俊秀，施雅好，竭力同心。果然是，名篇萃集，整二百将临。

沉吟。多把味，唐风宋韵，鉴古观今。寄家国情怀，一展胸襟。中有班门老手，运斤斧，相勉相箴。征途远，诗坛再响，空谷足新音。

【沁园春】竹韵清幽精品诗社出版二百期感赋

竹韵清幽，雅集精华，双百将临。有诗词万首，星光烁烁，春秋两岁，事业骎骎。发稿黎明，撑灯半夜，修叶裁枝壮竹林。同心力，凭切磋无隙，相勉相箴。

骚坛质胜胸襟，引四海贤愚著意寻。贵风前省识，雨中啼笑，兴怀游目，鉴古观今。子建才情，元龙豪气，鄙弃阳虚装病吟。凌霄远，愿鲲鹏翅啸，空谷新音。

【贺新郎】醉狂诗语

我醉狂诗语。沏杯茶，把心洗净，聚神凝虑。凭任遐思充腑肺，撞击三灵飞舞。五更夜，朦胧回顾。梦里依稀寻得句。遂起床，再写推敲处。妥一字，踱千步。

无关风月鸳鸯绪。亦不涉，灯红酒绿，后庭歌女。唯叙天涯沧桑意，挂记神州风雨。又企望，廓清霾雾。万里山河晴朗日，看良才，归国迢迢路。游子念，可知否？

148

杂咏感怀 唯问真知

五绝 青春吟啸

红旗喷碧血，冰雪固童身。

朝野家庭破，掏心结比邻。

五律 新年寄怀

梦里说新年，灵犀一线牵。

三江浮洁水，百姓乐同船。

武学龙城将，文思老杜篇。

为官能上下，四海映青天。

五律 猩猩喂奶小老虎

观动物园猩猩喂奶小老虎,有评论人不如禽兽。余深不以为然。

猩母爱心宽,彪儿己出看。

仇人天不戴,亲友地承欢。

突饿三餐饭,平瞻二兽官。

若无呲裂者,我类作何叹。

五律 闻孙树斌冤案昭雪

燕赵孙家案，惊天问几何。

冤伸三府老，头断廿年多。

大法掀钳盖，良心涌泪波。

庶民相拥语，不再怕阎罗。

五律 重阳

又是重阳节，登高笔意凉。

漫山皆染色，傲菊独摇芳。

叶坠枫丹落，鸿鸣人字翔。

仰空追影去，心绪久旁皇。

五律 题老人过街录像

街口瘸翁急，惶惶趄趔行。

名车呼响笛，壮汉躲诬争。

惊见洋邦客，搀扶仁义程。

寻常监控录，入眼总怦怦。

注：录像见广东卫视 2017 年 8 月 25 日

五律 端午怀乡

杯中物入肠，游子念湖湘。

提笔思三户，翻篇阅九章。

汨罗河傲骨，岳麓顶忠良。

几代雄才殒，亡秦可召郎？

152

五律 自画像

本命六轮寿，平生德不辜。

捧心肝胆有，刺鬼术谋无。

腰直非财足，肠安已酒枯。

忿人迷鹿马，冷眼瞥阉奴。

五律 有感不葬八宝山

前湖南两元帅、一总书记遗愿不葬八宝山，今张震将军骨灰同样遵遗愿迁出八宝山回归湖南故里赋感

暗然幽室内，心底感如何。

香火烟霾处，哀荣名利窝。

元知空万事，但觉实多磨。

天地作衾枕，英魂归汨罗。

五律 为政当静

安静为官道，黎民最懂情。

三刀欢当息，一碗水端平。

事简长封印，酬繁少出征。

常违载舟律，捂也起心兵。

注：三刀，典出《晋书.王濬传》。三刀为州字，为一州刺史代称，升迁做官之意。

五律 庚子夏汛

初伏炎炎夜，昏昏难熟眠。

穹倾雄库涨，头顶大盆悬。

漫泽通三径，增兵斗百川。

似传娲氏语，何处补残天？

五律 官场过客

硕鼠年年捕，多高冠沐猴。

西施溶骨辈，南郭混身流。

前任刚投狱，新班复坠楼。

骄奢成腐土，过往臭名收。

五律 秋凉

蝉噪声安寂，叶飞林不宽。

几番秋雨密，一夜枕衾寒。

日子催收紧，人心问向难。

山中多父老，身上可衣单?

七绝 感怀

世人晒我太痴情，办事孜分泾渭清。

余笑官场鞭正法，糊涂难道是真诚。

七绝 无题

风雨霜华百二春，仰天俯地两头真。

偷生如我仍残喘，目送桃源旧主人。

七绝 村姑

漆点双眸红粉腮，采茶健步下山来。

一枝野菊鬓边插，彩蝶追飞绕往回。

七绝 以假当真

塑成花束百般新，锦簇缤纷胜似春。

知假也当真货买，虚荣心养弄虚人。

七绝 题欢送知青旧照

豪歌锣鼓列旌旗，车载红花束发儿。

此去山乡承大业，沉浮日后满朝知。

七绝 守候

阵前含泪送情郎，说好功成即拜堂。

岂料八年才有讯，瞬间喜泣老姑娘。

七绝 滑竿行旅图

陡壁天梯上下频，熬盐汗水浸驼身。

稍停马步换肩稳，轿里如牛鼾息均。

七绝 博士求职

皂帽翩翩学霸才，高华何奈稻粱催。

考场万卷能挥就，求职三番去又回。

七绝 题中堂《太太怕我》

真书一幅挂中堂，妻我观来两面光。

谁说河东狮可怕，攻心致胜靠包装。

七绝 题橘洲石像

嵯峨石像橘洲矗，万里气吞挥斥遒。

我拜尊前深一问，湘江何不向东流。

七绝 拔河

仰身曲背眼睁红，发力争峰意願同。

不在人群声势壮，谁能后退见真功。

七绝 大孝

若以蒸黎当父母，为官作事不私亲。

清勤执政皆循理，便是双全大孝人。

七绝 春运

归心浩浩连宵动，挤挤人潮涌列车。

捷运不如思念快，乡魂早已抵寒家。

七绝 清明烧纸

守孝不知生厚养，张扬后事却招摇。

坟前三叩装严肃，廉价冥钱尽量烧。

七绝 读老子道德经

道进三阶生万物，犹如日月运行规。

世人当解无为治，信守无为即有为。

注：道，老子在《道德经》中用"道"来解释宇宙万物发展的一种客观自然规律。"道生一，一生二，二生三，三生万物"

七绝 舞台人才

三千龙凤走歌台，除却人间百事哀。

细点优长名与姓，头衔都是将官才。

七绝 文医国乎

岂有文章医国疴，怀沙投汨大悲歌。

万言书滴将军血，呕尽丹心又若何?

七绝 官场两面人

归捕因贪装涕零，之前耀眼一新星。

昨天报告声还在，尽是迷人座右铭。

(获竹韵汉诗协会会员刊诗赛第二名)

七绝 春风不语

柔柔拂面暖轻轻，催醒蛰虫周溥行。

百舌争喧成盛况，谁能不语却挑情？

七绝 人大校长昌导国学与七月流火

新党台湾访问时，欢迎热烈用何词？

昊天七月正流火，国学黉堂自掌之。

七绝 急救双等待

人已端平手术台，全麻无影亮灯开。

为何不见大夫上，只等交钱收据来。

七绝 都市之拆与建

首都主辅已分流，正是梁林方案谋。

倘若当年能入耳，古城岂会有残忧。

七绝 如果活着

临盆强押上刑台，百日村村无小孩。

倘若当初根不斩，何来举国有遗灾。

七绝 从取火到战火

人猿揖别石头磨，炼得而今核弹多。

十万年间观进退，始同相助后干戈。

七绝 中国男足稳定输了三十年寄感

三十年间难释怀，逢场一贯显庸才。

赌球今日无人敢，谁是败方休用猜。

七绝 足球赢败原由

踢醒球迷哭笑时，女赢男败不稀奇。

原由几个何须问，撩起上衣看腹肌。

七绝 皇帝的信任与奴才的贼胆

雪银十亿叠嵯峨，尽说致斋贪腐多。

不获乾隆深信任，决无贼胆大于箩。

注：致斋，和坤字。

七绝 自嘲

匹夫想学做贤侯，有刺萦心吐积忧。

自晓丝毫无补事，文章只合竹林投。

七绝 对镜察身

江洋巨骗制新妆，阉党庸官满庙堂。

大帝若能知揽镜，出朝岂会露精光。

七律 酷暑停电

四周空气如凝固，闷汗成珠夹背流。

忽见黑天风撼树，又闻青瓦雨敲楼。

倾盆漱玉门前石，落地残红屋后沟。

块垒胸中依旧在，滂沱浇不进心头。

七律 读某献诗有感

本来风骨出渔阳，却见匍行拜佛香。

两脚野狐成绝赋，三番改姓费周章。

凤鸣低曲当非昨，雀跃高枝胜往常。

争说百年中国梦，犹忧小鬼见阎王。

七律 石家庄空气质量新闻读后感

机梯批值论浮沉, 流弊多年苦自吞。

只为金钱欺上帝, 致令妖孽降凡尘。

黄沙滚滚遮天暗, 黑雾腾腾罩地昏。

喜看当朝知教训, 为官一任爱黎民。

七律 狗遛主人

邻居一狗遛至半路家有急事欲归狗躺地不依主人无奈依狗再走。

主家有事急回屋, 躺地金毛拒起身。

四拽三催装死鬼, 一摊双臂任尊神。

从来只见人牵狗, 今日奇闻狗遛人。

咄咄哀哉多怪事, 娘亲不认认干亲。

七律 名犬比赛谈修炼

虎牙羊耳楚腰身，狐面猴头兔豁唇。

出队着装英貌相，收臀走步特精神。

千姿高揽施奇技，百媚低徊傍主人。

各位机伶凭素养，终归未忘口生津。

七律 评明经国案

又是一桩身命案，缘由强拆致哀悲。

民心依舍居安度，兔子呲牙逼急为。

恶霸如欺天自纵，穷农便用血相持。

枫桥经验宜然好，若有冤情可找谁？

七律 四十年后悼总理

灰骨斯人已作尘，终生功德史书珍。

早年抱器除元恶，晚节怀忠顾大秦。

殄瘁千方防壁倒，游丝一息卧床询。

普天寒士犹缠泪，谁是今贤护庶民。

七律 荧屏观感

一审于欢算未终，舆情诘责竟相同。

豪门敛富何心忍，犳狗羞娘怒气冲。

社会无能除恶黑，匹夫唯有刺刀红。

官衙料想秉公判，免得梁山啸山东。

七律 答唐人街衰落

当年飘渡谋生计，同族相邻互为依。

暴雨惊雷风里立，鸟言冷眼腹中饥。

辛劳几代成巢穴，富贵无由出舍扉。

不见繁华兴永世，新人拓地更春晖。

七律 岁末感怀

悠晃妆光入梦难，猕猴对镜正衣冠。

金钱足买嫖娼案，徒手该能稳国安。

网里鱼龙兼五味，霾中耳眼察三观。

滔滔匿怨毋容诉，等看啼鸡上祭坛。

七律 杭州聚龙

金风玉露又相逢，齐聚杭州二十龙。

北路延祥兵卫足，南屏集锦蝶飞重。

关门商店成空设，休假交通要塞封。

可叹天堂为禁地，西施深苑锁真容。

七律 光阴

何物于人理最公，帝王还与小民同。

无因贫汉流经少，岂是富翁施舍丰。

忘倦劳神终日有，贪闲游手一生穷。

早年珍惜寸阴价，晚岁不忧操斧功。

七律 烈日暴雨

墨云蔽日沉雷滚，炸破烝锅泼地流。

珠跳鸣阶如淬火，车推破浪似行舟。

每临溽夏防洪险，总忆荒春抗旱忧。

我劝天庭重整饬，无偏润物济生求。

七律 电视剧《人民的名义》观感

商政营生足可哀，迷离瘴雾染嚣埃。

鱼家弱女绵绵梦，贵胄雄儿滚滚财。

得道鸡犬多帝宇，失权黎庶剩蒿莱。

难逃因果无情报，枷锁加身牢狱灾。

七律 余风

五十余年梦醒中，眼前风景竟相同。
交谈自儆言归左，入学心虚政审红。
帽子摇摇文唬唬，异人躅躅步匆匆。
秦坑早逝灰该冷，惊见微书满忽空。

七律 劝学

何事规箴理最充，读书可使众人聪。
资身行动真如一，济世文章贵不空。
入卷领神终日满，贪闲游手毕生穷。
非求饱学待沽价，只握于民有用功。

七律 闻韶山红色旅游献一个花篮强卖 399 元有感

红色旅游生意新，韶山组织铸金身。

多招香客多招法，不问虔诚只问银。

尚有穷人真信佛，苦无财力枉知津。

可叹圣地熏铜臭，今造尊神赛庙神。

七律 猪年春节偶感

谁将佳节两边拱，竟是东西先后行。

起舞放歌欢阵阵，拜年祈福道声声。

时差可证乾坤转，地远难推习俗更。

认祖素怀千载永，五洲一日共宵明。

（获竹韵汉诗协会会员刊诗赛第五名）

七律 春

东风染尽山川绿，路上行人换薄装。

雨后笋芽衔土俏，堂前燕侣筑巢忙。

荷池群聚蛙鸣鼓，溪涧星奔水带香。

开眼新虫才入世，稀奇异景不加防。

七律 本命年祈福

六轮本命进新春，笑议戌年求福臻。

酒品挑颜朱玉酒，唇描选色赤丹唇。

拦腰要束旌旗带，避祸能行尺蠖伸。

印照凡间皆共识，历来好运属红人。

七律 绿皮火车过境

南北行程越六千，飞机不坐坐龟颠。

整途待命低头等，万众惊心怒目传。

廿米中间明武警，百寻开外绝人烟。

绿皮再度通华夏，皇帝新衣非寡鲜。

七律 珍惜当下

秋逢草木各循序，我亦无须羡老彭。

找乐竹林消永日，归怀词句醉平生。

千年松树终凋朽，一季梅花自灿荣。

生死功名都是幻，不如当下好心情。

七律 蜕变

地球远古一团浆，原子纷飞历海桑。

亿万生灵均发达，独家人类更辉煌。

铭心蜕变功居伟，放眼垂成脑莫僵。

大道昭然规律在，选优汰劣著华章。

七律 落红踏碎看新槐

此间四月春光好，万里云霞澄霁来。

迎面阳风徐拂拂，怡心节物稳推推。

小溪曲径飞红落，老树新枝涌雪开。

香雅槐花蜂蝶吻，游人收步意徘徊。

七律 题老树画画

看过繁花满洛阳，归来竹下细思量。

容颜世上千千万，笔意心中独一张。

我写我心描我像，他嗔他哂任他当。

倚栏袖手观尘海，顺适天然必大方。

七律 甘于平淡

份量深知有几何，平生不唱大风歌。

存心守拙求安稳，无意争雄是懿和。

得句高吟声朗朗，煮茶慢啜乐呵呵。

浮名薄利随它去，留取彤霞照晚坡。

七律 有感

那年秦地闹饥荒，三十万人逃故乡。

夜色可怜帮老父，水声犹似哭恩娘。

几经魂定承平景，两制风和安大唐。

今日惩凶修法案，为何依旧怕朝纲?

七律 农忙

利薄有心关小店，归家正业事耕桑。

赶晴检屋换新瓦，避雨抢时收早粮。

才运绿肥培菜圃，又担青草撒魚塘。

人勤但愿天还助，待到中秋馏玉浆。

七律 养心难

天涯远隔常通讯，梦断同宗治病难。

药理该灵能弃疾，鸡汤失效鄙于丹。

醉人处处眼皆顺。愚我年年心不安。

百首诗词当作证，犹存纸上泪斑残。

七律 老农望秋

春夏田时汗水流，眼前景色喜迎眸。

晨星可见披光起，暮雨犹忙带湿休。

百亩稻粮金灿灿，满山蜜橘绿油油。

写条微信释孩念，足备明年上学酬。

七律 得失寸心知

寸心总虑是成非，得失皆衡在济时。

长夜有怀难寂寞，灵台无计任驱驰。

开腔少发惊人语，落笔频书击弊诗。

当信文章千古业，延安窑洞说周期。

七律 秋

谁持彩笔染枫林，烂漫开红次第深。

丛菊凝香飞倦蝶，平湖飘雾戏幽禽。

镇中娱老双人钓，海上收舟五尺鲟。

莫谓秋歌悲一曲，兴来翻作白头吟。

七律 诚信

惩腐昭彰挂大旗，收心诚意勿相疑。

高官台上反贪急，二奶宵中数钞疲。

口渴望梅能止渴，腹饥画饼难充饥。

名名公仆有雄胆，只是家财不敢提。

七律 对弈

汉界楚河公道立，卒车马炮力相同。

烂柯秘笈梅花谱，韬略元机太极功。

进退攻防胸自远，输赢悟算阵无穷。

应知天意非偏向，败在不谋全局中。

注：颔联中"烂柯"、"秘笈"、"梅花谱"、韬略元机"均为"象棋圣经"中棋谱篇名。

七律 闰年寄怀

闻说闰年行厄运，我祈故国焕生姿。

精英少做腾龙舞，日夜多忧作鼠思。

虑困手头钱不撒，能扶村里岁无饥。

虚怀问计齐心力，劲举风帆会有时。

七律 除夕

守岁何曾岁月留，但看尘世醉千秋。

酒杯倾罢倦躯躺，心事跟随幻梦游。

春晚年年赊切望，红包个个喜呼收。

慵眠初二刚开眼，醒后复思柴米油。

七律 当代人之初

长成头大豆芽身，细颈艳缠红领巾。

起跑线前拼父母，升迁日后练心神。

乖乖听话佩三道，苦苦背书尝百辛。

说唱拉吹皆杰秀，未来争做接班人。

注：三道，少先队大队长标志。

七律 官坊遴选

庙堂选士不须嗔，落第登科皆有因。

望族一堆封少将，寒门几个出名臣？

求升争唱峰巅曲，无瘾频当槛外人。

行到前方招募马，甜称列位是家亲。

七律 论读书

诗书饱读在明理，富贵浮名莫奋身。

不必白丁投白眼，可能红顶坏红人。

杨雄喜做皮毛事，屈子堪称肺腑臣。

心正修齐天下济，达成一件足嘉珍。

七律 启功书法

少年天赋墨为友，壮岁炼成椽笔手。

粗柱悬针形似颜，瘦筋绕体身如柳。

黄金律里立规绳，白纸堆中尊教授。

不忌描摹假乱真，怜才爱字人敦厚。

注：黄金律，启功先生独创的结字规律。

七律 垂钓之悟

舍后平湖碧镜幽，曾经生手一竿投。

聪鱼戏动往来碰，敏羽轻摇上下浮。

暗喜锦鳞新咬饵，紧飞纶线复空钩。

悟明功在求规律，万事无成心急猴。

七律 书读用乎

无用游魂尚未安，翘翘学子皂衣冠。

艰辛廿载登峰老，倥偬千重就业难。

真博士甘当辅警，假文凭敢买高官。

燕台频唱招贤曲，可伴冯谖长铗弹？

七律 错过

半世辛劳半世嗟，晚风吹鬓乱霜花。

户中娇女只单个，卡里余钱没一些。

先信国家能养老，后看政策靠生娃。

茫然苦笑成何事，脊土枯藤难结瓜。

七律 安得广厦千万间

一平方米万金余，轮奂惊看胜敝庐。

独有豪强追趸买，绝无穷弱立成居。

杜陵叹息苍生望，陶令遣怀黄菊书。

多少寒儒思广厦，起来广厦急囊虚。

七律 安得广厦庇寒士

秋夜诗怀禀杜公，眼前仿佛景相同。

可怜山里柴荆舍，还似江边草木篷。

但看四周堂构美，已超千载帝王雄。

万间广厦连云起，书籍仍临雨滴中。

七律 进京赶考

柏坡临别进京时，一句箴言天下驰。

列位均为参试者，兆民才是判题师。

长征万里刚开步，横跨诸关该有期。

七十余年都过去，可呈答案慰先知？

七律 某市副书记见下属进餐机关食堂掴耳光有感

微官只懂菜肴香，不识凭衔进食堂。

一记耳光何果断，两门衙府各装佯。

朝廷尚有君臣礼，土匪才分大小王。

法律当非成摆设，岂教悍吏再猖狂。

七律 春雨潇潇亦伤农

冻脚稀泥一老翁，扶锄四望苦无穷。

嫩秧烂地连春雨，寒水屯田尽日风。

人驾牛犁功力费，机耕魂梦愿心空。

靠天吃饭农家事，莫问千年是否同。

七律 五月情

繁花已谢暑初通，又换新颜入画中。

村北溪边桑椹紫，屋南墙角石榴红。

壮禾拔节忙抽穗，雏鸟学飞勤练功。

虽是三春风景好，何如五月看年丰。

七律 彩裙还得蛮腰配

花开五彩艳裙妆，含笑凌波娱乐场。

出水芙蓉身冉冉，展屏孔雀势昂昂。

三围体态形刚好，一脸天真舞未央。

台下群观连啧啧，感叹自缺瘦腰方。

七律 衡阳人大选票案

谁言人大橡皮章，照样争权角逐场。

选票张张都有价，送钱个个但无防。

公平抬眼悬空语，号令低头运暗箱。

百密一疏遭泄露，九州汗漫说痈疮。

七律 倾城之毁

鲜灿群芳众望台，四时耀眼锦屏开。

素颜个个沉鱼貌，红口张张倚马才。

场外金钩忙出镜，令传玉殿紧飞杯。

权臣手段千般用，可叹名花几尽摧。

七律 闻郑州又遇秋涝

惨劫夏洪还未止，忽遭秋涝又汪洋。

城中野水冲财货，地里浮泥埋死伤。

设计海绵能见海，开支囊橐尽倾囊。

天灾是否掺人祸，总理颁查按定章。

注：7 月 20 日遭特大暴雨，8 月 21 日又遇暴雨。郑州建设海绵城市花费 534 亿元却不堪一击，成了海洋。

七律 远梦

心奇甚喜赴桃园，涉涧摇舟渐进村。

两岸繁花含艳笑，几群欢鸟竞嚣喧。

问人无有常忧事，隔世竟终难懂言。

一阵打窗秋雨醒，起看墙角画屏存。

七律 城市建筑民工宿舍

集装箱式铁皮屋，大小均匀十八方。

四处云楼挥汗建，六人蜗室挤身忙。

牛郎七夕成心病，犬子无缘上学堂。

恋恋萦萦何所有，仍将终老旧村庄。

七律 步韵杜甫《秋兴八首》之四

反腐当真弈大棋，百年巨变不须悲。

东升西降已成调，内患外忧排及时。

一统江山鸣鼓急，多生子女担心迟。

钱塘潮水中秋月，月下观潮有所思。

七律 周末单日变双日——入世二十周年记

小谈入世略舒怀，周末非忙幸甚哉。

曾记当年休一日，祇愁到处顾双孩。

而今宽暇随心意，从此松身展尔才。

我为欢余抽测检，几人知是国门开？

注：抽测检，即随机抽取一部分进行测验检查。

七律 百年寻梦

百年寻觅共和梦，此梦当真可有无？

起义武昌刚废帝，走章宫殿又称孤。

几朝断续存陈酒，万变包装换旧壶。

只是人心成渐醒，很难装直钓名沽。

七律 雾霾盼风雨

东西南北话清新，举目皆缘难见真。

皓首抚膺常憋气，苍生到季不来春。

趁霾社鼠搬粮急，凭意商羊舞足频。

托信乾坤行大柄，翻空骤雨洗蒙尘。

七律 熟味难忘

休拿汉字说荒唐，同性书成否与臧。

皇帝做游龙戏凤，国人为乱俗嫖娼。

刑拘民事经谁手，令出清规是哪章？

犹记十年刀笔吏，杀名无血酷难忘。

七律 丧葬安排

公墓管理费 20 年周期收一次，道旁闻议论代拟。

死去元知空万事，但悲归寂枕难眠。

生前垒满房奴账，葬后还须墓穴钱。

揽镜容颜堪老矣，抚膺意思尚昭然。

临终一句安排了，将我烧灰撒海天。

七律 在水一方

萧墙起事独居台，血脉炎黄分不开。

举目迷潭名日月，凭心望岛寄忧哀。

三番解结依情近，一度交流逐笑来。

家破终归行整补，且由青史做公裁。

七律 眼睛与心灵

心眼原来一统归，眸开之际启窗扉。

楚王尽扫柳腰瘦，唐主遍寻桃脸肥。

无忌口中童子语，未穿路上老皇衣。

此时唯有宦欺众，马鹿跟前倒是非。

七律 空巢老人诉

儿孙飞远务长工，残悴伶仃一老翁。

滩上荒田常蹿鼠，庭前野草已成蓬。

无时不盼亲人近，有病深忧冷屋空。

晚景此生悲寂寞，谁来居丧善齐终？

七律 名利钓

可怜放眼鱼虾尽，犹有钓翁来往梭。

烟酒大王捞院士，理文剽客学莺哥。

久居朝市清风少，饱食利名斜道多。

长线暗钩香诱饵，世人唾骂又如何？

七律 味道

此题深究有名堂，不在舌尖而在肠。

满汉皇宫三桌席，万家农户半年粮。

看丰饱腹嘴嫌腻，薯小饥民味足香。

夺路慈禧馋口嚼，甜窝头里未加糖。

七律 书法心得

学书先学洗心尘，握管拳空正上身。

方寸耕耘驰砚久，几多提按运毫匀。

何舒何卷独忘世，或稳或灵均要神。

一幅难为中意字，反思其字字如人。

七律 饵食

现场规避反贪抓，诱饵如今转暗抛。

小巷虽然求小隐，佳宾何足摆佳肴。

醴醇馔盛三更剩，味野妖娇一律包。

此夜设筵无别意，事成套路不耽钞。

七律 知春伤春

龙启抬头日渐长，雁群结队返家乡。

游江幼鸭翻斤斗，笼袖老翁烘太阳。

面拂柳风莺歌润，魂牵欧陆角声强。

一熊闯入花丛地，锦绣林园尽毁伤。

七律 春知意

横跨亚欧雄北极，长图怎样破南墙。

妙思奇袭兵三日，巧复霸兴谋一囊。

弹雨飞成喷血鬼，硝烟唤醒杀身方。

东风不助挽郎愿，解冻沼池行瓮装。

七律 咏酒

对酌逢君慰寂寥，单斟自饮避尘嚣。

丈夫块垒一腔化，才子文章百代骄。

清照伤时归酩酊，刘伶逃世且逍遥。

人生有酿真三昧。直到躺平方挂瓢。

【鹧鸪天】四翁玩牌

八十皤翁兴致高，凝神端坐战情鏖。

双连重手牌声出，单看邻家眼镜掏。

口中喊，桌沿敲。忽闻一阵乱嘈嘈。

颠来老伴询何故，笑是梅花当黑桃。

注：双连，打"拖拉机"的"双连对"。

【摸鱼儿】闻和尚尼姑有染而感

念经堂, 齐鸣钹鼓, 巍峨端坐神祖。尼姑和尚齐高调: 无量阿弥陀父。堪笑汝: 心最盼, 阳光散尽翻新谱。撑灯男女, 任荷尔蒙升, 击鲜烹肉, 酒后欢如虎。

青猊座, 岂是凡身禁固? 律文精读无数, 四禅八解几人悟? 能让围栏封步? 君未顾: 青楼满, 主持方丈趋之骛? 虔诚本苦, 便做了清徒, 雾霾千里, 也难辩真否。

【踏莎行】鼠精

鼠喜贪猫, 猫亲贼鼠。神魂颠倒偎依住。何因天敌变奸朋, 出奇一段心中语。

汝爱黄鱼, 我为贡户。允由出入粮仓库。换包回报得双赢, 共同吃个圆圆肚。

(获竹韵汉诗协会会员专刊诗赛第一名)

【踏莎行】猫鼠怨

猫躲如梭，鼠追似虎。仓皇夺命逃亡路。本来久久已同眠，出奇今日翻情绪。

汝等庸才，只知贪腐。交由办事桩桩误。亏侬日日送金鱼，如何吃下如何吐！

【乌夜啼】鹰换喙

鹰啼声厉山巅。气萧然。当是重生换喙、痛心田。

雀莫舞。期可数。待新坚。翅啸凌空且看、羽飞翻。

【鹧鸪天.】词牌名集句

酷若翩翩彩凤飞，凌波笑靥看花回。

一声入塞拉夫令，九曲回肠连理枝。

望江怨，极相思。几多梦断送征衣。

杜娟啼血春声碎，长夜孤灯玉漏迟。

（内嵌：彩凤飞、看花回、入塞、连理枝、望江怨、极相思、送征衣、春声碎、玉漏迟九个词牌名）

【蝶恋花】依人诉

乱世姻缘多碍阻。政治联盟，不识鸳鸯谱。藕白花芳子心苦。情丝万缕凭谁诉。

潘郎踏遍湘西路。沥胆披肝，决向伊人付。喜有东风吹雨露。天荒地老相怜抚。

【西江月】 养生

闲去林中散步，忙来田里挥锄。房前屋后种瓜蔬，热汗撒飞如雨。

把盏且忘荣辱，对枰不管赢输。舒筋健脑自欢愉，最是人生大补。

【清平乐】老于世故

年华已老。重练心灵巧。凡事宜夸休言恼。免得麻烦自找。

虽然眼花腰弓。外加发白牙空。但不呆痴耳背，功夫就在装葱。

【入月圆】元旦新愿

乾坤翻运迎开岁，万象待图新。公明政务，和风纳善，法贵黎民。

屠苏入酒，把杯论道，醉意微醺。文中佳句，街头俚语，笑唱盈群。

【渔家傲】雾霾（晏珠体）

万里归来机场处。朦胧四处幔纱捂。海市蜃楼昏日暮。无情绪。问甥京城今能住？

心急归家寻出路。二三四环重重堵。再访五环如何去。人不语。嘴封口罩头摇鼓。

【清玉案】袈裟色戒

凡身不比修空侣。诵经课，翻新谱。早已自由无禁锢。颠鸾倒凤，击鲜烹釜。酒后欢歌舞。

四禅八戒谁人悟？衣钵相传奈何处？若问虔诚知几许？漫天香火，满宵任务。各自将钱数。

【浪淘沙】今宵酒醒

冷雨泼如瓢。醉意全消。风狂月暗夜迢迢。摧尽荷池秋不管，一任零凋。

犹记盛春潮。红绿皆骄。心酸差别忒煎熬。酒醒置怀耽此状，何奈今宵。

鸿飞四海情怀壮

诗发三灵意蕴长

——书赠庭延兄

一枝椽笔陈忠据实

千幅挽联悼痛思哀

——痛悼陈忠实逝世

曲作逍遥方不累

人交耿直始为真

——记小光词作

鸡鸣夜半司晨早

船破江中补漏迟

人间万象缘善恶

世上千年结轮回

遂心唯有真情好

交易方知假货仇

双星齐落山河皆有泪

一国同悲南北尽无光

——悼袁隆平吴孟超千古

史进时迁　今日梁山无好汉

王通叔达　历朝谏院有英雄

风拂柳腰迷柳永

火烧秦府见秦明

云牵月影窥花语

客枕船舷听浪声

最是乡愁圆月夜

何堪旅梦听猿声

后记

在本诗集编辑过程中要特别感谢竹韵汉诗协会周建煌、刘斌湘、吴作榜三位诗兄在获奖作品中书赠墨宝，长沙书法家、一中同学黄仲南兄多次挥毫录诗鼓励，亦师亦友庭延兄给予了热情指导并书写贺诗鼓励，均为诗集增色不少。

亦应感谢小女儿尹湘晖忙碌中热情相助，精心设计版面，使诗集得以顺利出版。

www.ingramcontent.com/pod-product-compliance
Lightning Source LLC
Chambersburg PA
CBHW051512120626

46551CB00012B/882